Alexander Best

VIRTUS DIGITALIS

APRYCOT

ISBN 978-3-949098-62-8 (Print)
ISBN 978-3-949098-63-5 (ePub)

Korrektorat/Lektorat: David Hollmer - Der letzte Schliff
Cover Design: Michi Nussbaumer
Layout & Satz: Michi Nussbaumer
Druck und Bindung: CPI books GmbH, Leck
Verlag: Aprycot Media - Held & Tröndle GbR, Muldenweg 8, 79618 Rheinfelden, info@aprycot.media

FSC www.fsc.org MIX Papier | Fördert gute Waldnutzung FSC® C083411

1. Auflage 2025

Aprycot Media – Der Bitcoin Verlag – www.aprycot.media
X & Instagram: @aprycotmedia

1 2 3 4 5 6 7 8 9 10

Alexander Best

VIRTUS DIGITALIS

Mit Stoizismus
und Bitcoin
zu Tugend
und Souveränität

mit Vorwort von Niko Jilch

APRYCOT

Inhalt

Vorwort

Was ist ein gutes Leben? Und was müssen wir tun, um so ein gutes Leben zu leben? Fragen, die sich jeder irgendwann stellt. Heute, gestern – und vorvorgestern.

Solche Fragen sind so alt wie die Menschheit selbst. Und manch Antwort ist so gut, dass sie den "Test der Zeit" überstanden hat. Über hunderte, tausende Jahre.

Die Antworten des Stoizismus zum Beispiel. Die Stoiker sagen uns, wie wir besser leben können. Mehr Erfüllung, mehr Selbstsicherheit. Weniger Zweifel, weniger Sorgen. Aber sie sagen auch: Es ist Arbeit. Und Einsicht. Die Arbeit an uns selbst. Und die Einsicht, dass wir vieles nicht ändern können. Dass wir nur dort Macht besitzen, wo die Verantwortung in unseren Händen liegt.

Macht es Sinn, sich über das Wetter zu beschweren? Über die Temperaturen? Nein, denn es liegt nicht in unserer Macht. Die Stoiker sagen: Alles, was wir kontrollieren können, ist unsere Reaktion. Unsere Einstellung zu unverrückbaren Tatsachen. Das zu lesen, zu bejahen, ist aber zu wenig. Jede Philosophie ist nur so hilfreich wie ihre praktische Anwendung. Das ist die Arbeit. Wer gut leben will, muss etwas dafür tun. Seine Einstellungen, Reaktionen und Gefühle unter Kontrolle haben. Nicht jederzeit – das ist unmöglich. Aber immer öfter. Wer die Prinzipien des Stoizismus verinnerlicht, übernimmt Verantwortung. Eigenverantwortung.

Womit wir beim zweiten Teil des Puzzles sind, das dieses Buch zusammenfügt. Bitcoin. Dieses Geld ist zwar neu. Aber die Suche nach Stabilität im Wirtschaftsleben ist mindestens so alt wie die nach dem Sinn im Leben. Manche, die Bitcoin für sich entdeckt haben, fühlen sich erst jetzt überhaupt bereit, einen Blick auf die anderen Bereiche ihres Lebens zu werfen.

Andere haben die Verantwortung schon lange übernommen und setzen ihren Weg mit Bitcoin fort. In jedem Fall tun sie etwas, das vor Bitcoin kaum möglich war: Sie entscheiden selbst, welches Geld sie nutzen, um die Früchte ihrer Arbeit zu speichern. Es ist ein radikaler Schritt in die Verantwortung. Einer, der schon viele aus dem Hamsterrad der Inflation befreit hat.

Dieses Buch ist für alle. Für die, die der Stoizismus zu Bitcoin geführt hat. Für jene, die Bitcoin zur Philosophie gebracht hat. Und sogar für alle, die keine Ahnung haben, was ich hier schreibe.

Vor zwei Jahren schon, hatte ich die Idee, ein Buch zu schreiben mit dem Titel "Der stoische Bitcoiner". Das ist nicht mehr nötig, denn Alexander Best hat es bereits getan. Ich danke ihm dafür und wünsche allen Lesern eine genussvolle Lektüre. Eines kann ich versprechen: Wer einmal in den Kaninchenbau von Stoizismus und Bitcoin gestiegen ist, wird so schnell nicht mehr hinaus wollen.

Alles Liebe, Niko Jilch

Wenn Mathematik auf Philosophie trifft

„Aus großer Macht folgt große Verantwortung"
Ben Parker, Spider-Man (2002)

In einer Welt voller Unsicherheiten, in der sowohl politische als auch wirtschaftliche Systeme ins Wanken geraten, suchen wir nach Stabilität und Orientierung. Der Stoizismus, eine Philosophie der inneren Ruhe und Tugend, bietet uns zeitlose Prinzipien, um mit Chaos und Wandel umzugehen. Bitcoin, als ein unabhängiges und globales Finanzsystem, haben viele schon als Antwort auf die Unsicherheiten des staatlichen Geldsystems angenommen. Doch steckt noch mehr dahinter? Welche Auswirkungen hat Bitcoin auf die Gesellschaft und jeden einzelnen Menschen? Finden wir sogar eine Verbindung zwischen dem digitalen Bitcoin und dem philosophischen Stoizismus? Dieses Buch erkundet die tiefen philosophischen Verbindungen zwischen Stoizismus und Bitcoin und zeigt, wie die Prinzipien der Tugend und Selbstbeherrschung in beiden Welten eine zentrale Rolle spielen.

Virtus Digitalis – Tugend durch das Digitale. Wie kann Tugend aus dem digitalen Raum kommen? Das Digitale ist das Leben der Maschinen: seelenlos, emotionslos, deterministisch, bestehend aus 0 und 1. Die Mathematik haucht diesen Maschinen Leben ein. Die Mathematik ist unabhängig von Staat, Religion und Kultur. Sie ist global, unmissverständlich und für jeden zugänglich. Vires in numeris – Stärke aus den Zahlen. Die Zahlen geben Kraft und Macht – vor allem demjenigen, der sie versteht und zu nutzen weiß.

Ein Beispiel hierfür ist die Kryptographie. Sie verleiht dem Individuum Macht, aber nicht die Macht, andere zu beherrschen, sondern die Macht über das eigene Leben. Eric Hughes beschrieb bereits 1993 in seinem Cypherpunk-Manifest die Kryptographie als eine Schutzzone für Privatsphäre und freie Rede. Die Kryptographie gibt uns schon seit Jahrzehnten die Möglichkeit, private Gespräche privat zu lassen und gleichzeitig unser Recht auf Redefreiheit zu wahren, indem wir Informationen frei äußern können und dabei trotzdem anonym bleiben. Doch bis 2009 gab es eine Hürde, wenn auch Werte (Geld) anonym oder privat getauscht werden sollten. Das staatliche Geldsystem bietet keine Anonymität oder Privatsphäre. Alternative Lösungen für freies oder digitales Geld benötigten immer einen Mittelsmann. Bitcoin hat diese Lücke geschlossen. Wir werden später genauer darauf eingehen, wie Bitcoin das macht, aber in aller Kürze: Bitcoin ist auch Mathematik. Mathematik gibt uns Werkzeuge, die wir in der äußeren, physischen Welt einsetzen können. Sie bietet Sicherheit und Struktur in einer oft chaotischen Realität. Mit ihrer Hilfe können wir Vertrauen schaffen, wo sonst Unsicherheit herrscht, und Kontrolle zurückgewinnen, ohne vertrauen zu müssen.

Doch was geschieht, wenn diese äußere Ordnung auf unsere innere Welt trifft? Da wir keine Maschinen, sondern Menschen sind, agieren und reagieren wir nicht mit mathematischer Präzision. Wir Menschen sind durch Bilder, Geschichten und Emotionen beeinflussbar. Zum Guten und zum Schlechten. Genau an diesem Schnittpunkt setzen philosophische Fragen an, die weit über die reine Mathematik hinausgehen. Es ist unsere tägliche Herausforderung, die

Freiheit unserer Gedanken vor externen Angriffen zu schützen. Wenn unsere innere Einstellung und die äußere Welt zusammentreffen, nennen wir das Philosophie – die Einstellung zum Leben. Der Stoizismus ist eine alte Philosophieschule, die uns zeitlose Lehren bietet, um sowohl innere als auch äußere Herausforderungen zu bewältigen.

Stoizismus – Die Kunst der Gelassenheit

Stoizismus ist eine Philosophie, die ihren Ursprung in der Antike hat und bis heute in verschiedenen Formen weiterlebt. Die Stoiker sind der Ansicht, dass die Vernunft der Schlüssel zu einem erfüllten Leben ist und dass man innere Ruhe und Gelassenheit erlangt, indem man das akzeptiert, was man nicht ändern kann. Sie betonen die Tugendhaftigkeit und die Selbstdisziplin als wichtige Werte, um ein Leben in Übereinstimmung mit der Natur und dem Kosmos zu führen. Die Unterscheidung zwischen Dingen, die wir kontrollieren können, und Dingen, die außerhalb unserer Kontrolle liegen, ist dabei einer der wichtigsten Grundsätze. Wir sollten uns immer auf das konzentrieren, was wir beeinflussen können, und uns nicht über Dinge ärgern, die außerhalb unserer Kontrolle liegen. Auf diese Weise können wir uns auf das Wesentliche konzentrieren und unser Leben in Einklang mit unseren Werten und Prinzipien führen.

Der Stoizismus ist nicht als allwissende Religion oder beherrschende Ideologie zu verstehen, er ist eine Denkschule, die eine bestimmte intellektuelle Tradition teilt. Ähnlich wie bei anderen Denkschulen gibt es im Stoizismus keine festgelegten Regeln oder Gebote, sondern eine gemeinsame intellektuelle Basis, auf der die Mitglieder ihre eigenen Schlüsse und Überzeugungen ziehen können. Der Fokus liegt dabei auf der individuellen Entwicklung und Verantwortung.

„Philosophie ist kein Kunststück für die Bühne. Sie befasst sich nicht mit Worten, sondern mit Fakten. Sie wird nicht für irgendeine Freude benutzt, die uns den heutigen Tag versüßen soll, oder um unser Gefühl der Unruhe zu lindern, das wir in ruhigen Stunden entwickeln. Sie formt die Seele und baut sie auf, sie gibt dem Leben eine Ordnung, sie lenkt unser Handeln, zeigt uns, was getan werden sollte und was nicht – sie sitzt am Ruder und steuert, während wir von Unsicherheiten hin und her getrieben werden. Ohne sie kann niemand angstfrei oder sorglos leben. Unzählige Dinge ereignen sich zu jeder Stunde, für die wir Rat brauchen, und diesen Rat finden wir in der Philosophie.“

Seneca, moralische Briefe

Die Philosophie ist keineswegs ein theoretisches Konstrukt, das lediglich einen Leitfaden für das Funktionieren des Lebens bietet. Die alten Philosophen betrachteten die Philosophie als klare Handlungsanweisungen für einen bestimmten Lebensstil, als praktische Anleitungen, um das Leben konkret zu gestalten und umzusetzen. Es geht hierbei nicht um bloße Theorie, sondern um einfache, aber praktische Hinweise und Übungen. Sie sollen uns befähigen, trotz widriger Umstände, tiefen Einschnitten und harten Rückschlägen ruhig und gelassen zu bleiben. Die Philosophie vermittelt die Fähigkeit, Entscheidungen zu treffen, die nicht von unseren Emotionen bestimmt werden, sondern von unserer bewussten Wahl.

Alles VUCA VUCA?

Der Stoizismus ist eine Philosophie der persönlichen Verantwortung, der Selbstdisziplin und der Vernunft, die helfen kann, den täglichen Herausforderungen des modernen Lebens zu begegnen. Aber ist eine solche Philosophie heute noch relevant?

Die Welt ist heute mehr denn je geprägt von schnellen Veränderungen, Unsicherheiten, künstlichem Wachstum, Inflation und Profitstreben. Technologische Entwicklungen wie künstliche Intelligenz, Automatisierung und Digitalisierung verändern die Arbeitswelt und die Wirtschaft in einem bisher nie dagewesenen Tempo und schaffen damit sowohl Chancen als auch Herausforderungen. Die politische Landschaft ist ebenfalls sehr unbeständig geworden, mit schnell wechselnden Allianzen und geopolitischen Spannungen. Um diesen Zustand in ein Wort zu fassen, sprechen wir von einer „VUCA"-Welt, die durch hohe Volatilität, Unsicherheit, Komplexität und Mehrdeutigkeit gekennzeichnet ist.

Volatility (Volatilität): beschreibt die schnellen und unvorhersehbaren Veränderungen, die in der Welt und unserer Gesellschaft auftreten können.

Uncertainty (Unsicherheit): Es wird immer schwieriger, Vorhersagen über die Zukunft zu treffen und Entscheidungen zu treffen, wenn es so viele ungewisse Faktoren gibt.

Complexity (Komplexität): Die Welt und ihre Entwicklung werden zunehmend komplex, was die Entscheidungsfindung erschwert.

Ambiguity (Mehrdeutigkeit): bezieht sich auf die Tatsache, dass es oft schwierig ist, klare Bedeutungen und Ursache-Wirkungs-Beziehungen in einer sich schnell verändernden und komplexen Umgebung zu identifizieren.

Diese VUCA-Welt hat erhebliche Auswirkungen auf uns Menschen. Eine der offensichtlichen Auswirkungen ist Stress und Unsicherheit. Die schnellen Veränderungen und die ständige Notwendigkeit, sich anzupassen, können bei Menschen zu einem Gefühl der Überforderung führen. Unternehmen und Einzelpersonen stehen unter ständigem Innovationsdruck. Neben dem natürlichen Wettbewerbsdruck eines freien Marktes kommen immer mehr Regularien und Verordnungen von politischer Seite hinzu. Besonders kleine Unternehmen können diesem regulatorischen Druck kaum noch standhalten. Diejenigen, die sich nicht schnell genug anpassen können, werden von den Veränderungen der VUCA-Welt überrollt.

Die VUCA-Welt fordert von uns, dass wir schnell und flexibel auf Veränderungen reagieren. Wir müssen bereit sein, unsere Herangehensweise und Strategie anzupassen. Wenn wir uns nicht schnell genug anpassen, drohen wir, von der Welt abgehängt zu werden.

Doch diese Kräfte sind nur ein Teil dessen, was unseren Seelenfrieden täglich stört. Wir erleben auch aktive, teils aggressive Angriffe auf unsere Psyche. Angriffe über Softpower-Techniken.

Was ist Softpower? Softpower lässt sich am leichtesten mit dem Gegenspieler „Hardpower" erklären. Hardpower ist der Einsatz von physischer Energie und Gewalt zur Erreichung seiner Ziele. Der Einsatz von Fäusten und Waffen ist Hardpower. Gespräche, Verhandlungen, Diplomatie sind Softpower. Aber wie können uns Verhandlungen und Diplomatie schaden? Sind sie nichts Gutes und sollten wir diese nicht stets dem Einsatz von Gewalt und Waffen vorziehen? Vordergründig ja. Aber zu Softpower gehört nicht nur Verhandlung und Diplomatie, sondern auch Manipulation und Propaganda. Softpower setzt keine physische Gewalt, sondern psychische Gewalt ein. Das

Perfide dabei ist, dass man ihren Einsatz als Laie nicht erkennt. Während wir Hardpower sehen und fühlen können, werden auch Techniken der Softpower eingesetzt, die wir nicht sehen, hören oder spüren können. Häufig bunt verpackt erkennen wir den Angriff, die Manipulation nicht.

Sehen wir uns zunächst ein Beispiel für Hardpower und dann eines für Softpower an, um den Unterschied besser zu verstehen:

Um Geld von einer anderen Person zu bekommen, könnte man sie einfach mit einer Waffe bedrohen. Das würde vermutlich im ersten Moment auch funktionieren, man müsste allerdings mit Widerstand oder nachträglichen Konsequenzen rechnen. Die Person hat nämlich keine Mühe, diesen offenen Angriff als solchen zu erkennen, und auch andere Menschen erkennen diesen sofort. Menschen können sich vor dem Angreifer schützen, sodass dessen Erfolg womöglich bereits bei der ersten Person endet, sollte diese beispielsweise Karate können.

Unter dem Einsatz von Softpower würde man jedoch anders vorgehen. Man könnte sich als Mitglied eines Tierschutzbundes ausgeben und einer tierlieben Person ein Bild von einem Hundewelpen zeigen und um eine Spende für notleidende Tiere bitten. In diesem Fall ist die Bereitschaft der Person, mir Geld zu geben, deutlich höher. Die Person macht die Spende höchstwahrscheinlich gerne, in dem Glauben, etwas Gutes zu tun. Sie würde eventuell sogar zu ihren Freunden und Nachbarn gehen und von meinem Tierschutzprojekt erzählen. Sie wäre somit ohne weiteren Aufwand des Softpower-Nutzers zur Botschafterin für die Tiere geworden und würde für dessen Zwecke Geld einsammeln.

Während man den Einsatz der Hardpower-Technik nur auf einen Menschen gleichzeitig anwenden kann, kann man zur Verstärkung der Softpower auch Medien wie Zeitung, Radio, Fernsehen und soziale Medien einsetzen. Der existente oder eben womöglich auch nur auf dem Papier existierende Tierschutzverein kann somit viel Geld einsammeln, ohne dass ein Spender jemals einen echten Hund gesehen hat.

Dass dieses System in der Realität kein reines Gedankenspiel ist und auch nicht auf Marketingtricks aus der Wirtschaft beschränkt ist, sehen wir darin, dass Militärbündnisse wie die NATO[1] ganz offen darüber diskutieren, wie sie Hard- und Softpower kombinieren können, um ihre Interessen durchzusetzen. Man spricht von „kognitiver Kriegsführung". Es geht dabei um die Bildung von Allianzen und die Manipulation der öffentlichen Meinung.

> „*Der Sieg wird eher dadurch definiert, das Psycho-Kulturelle als das geografische Terrain zu erobern. Verständnis und Empathie werden wichtige Waffen im Krieg sein*",
>
> sagt Generalmajor Robert H. Scales (im Ruhestand), Ph.D., ehemaliger Kommandant des U.S. Army War College.

> „*Wenn wir den Menschen einmal hacken – indem wir die biologischen und algorithmischen Mechanismen entschlüsseln, die unsere Entscheidungen und Emotionen steuern – dann werden Unternehmen und Regierungen möglicherweise in der Lage sein, unsere Gedanken und Handlungen zu manipulieren und zu kontrollieren*",
>
> Yuval Noah Harari –
> Weltwirtschaftsforums (WEF) 2020.

1 Beispiele in dem Bericht „Cognitive Warfare, The Three Swords 39/2023)

Wir gehen mal davon aus, dass dies ausschließlich dem Frieden dient ...

Kann uns der Stoizismus vor diesen Angriffen schützen? Jein. Wir müssen uns diesen Angriffen bewusst sein. Dann haben wir eine Chance, sie zu erkennen. Softpower dient nicht nur der Werbung und der Manipulation, sondern auch der Propaganda und der Indoktrination. Es ist psychische Gewalt, vor der wir uns genauso in Acht nehmen sollten wie vor physischer Gewalt.

Das klingt nun alles sehr düster, aber wo Risiken und Unsicherheiten sind, sind auch immer Chancen für Erkenntnis, Wachstum und Entwicklung. Neue Allianzen werden geschmiedet, neue Geschäftsmodelle können entstehen und innovative Lösungen für komplexe Probleme werden gesucht. Es ist wichtig, dass wir unsere Fähigkeiten zur Anpassung und Innovationsfähigkeit stärken, um erfolgreich in dieser Welt zu sein.

Für die Bewältigung dieser täglichen Herausforderungen bringt der Stoizismus einige Werkzeuge mit, die uns auf dem Weg in ein glückliches Leben helfen können, wenn wir sie annehmen und aktiv einsetzen.

Stressbewältigung: Ein bedeutender Teil des Stoizismus ist die Kontrolle über unsere Emotionen und Gedanken. Indem wir lernen, unsere Reaktionen auf Ereignisse zu kontrollieren, sind wir weniger anfällig für Stress. Wir können uns auf das Wesentliche konzentrieren und bleiben fokussierter.

Resilienz: Der Stoizismus ermutigt uns, uns schwierigen Situationen zu stellen, anstatt vor ihnen wegzulaufen. Indem wir uns mit Schwierigkeiten konfrontieren und durch sie hindurchgehen, können wir Resilienz aufbauen und uns besser auf zukünftige Herausforderungen vorbereiten.

Persönlichkeitsentwicklung: Selbsterkenntnis und Selbstverbesserung sind ein Teil der Persönlichkeitsentwicklung im Stoizismus. Indem wir uns mit unseren eigenen Werten, Überzeugungen und Verhaltensweisen auseinandersetzen, können wir uns auf den Weg machen, eine bessere Version unserer selbst zu werden.

Beziehungen: Der Stoizismus betont die Bedeutung von Mitgefühl, Vergebung und Einfühlungsvermögen, was dazu beitragen kann, zwischenmenschliche Beziehungen zu verbessern. Indem wir lernen, uns in andere hineinzuversetzen und Mitgefühl zu zeigen, können wir bessere Beziehungen zu anderen Menschen aufbauen.

Die stoische Philosophie lehrt uns, dass wir die Kontrolle über unsere Gedanken und Einstellungen haben und uns auf das konzentrieren sollten, was wir beeinflussen können.

In einer Welt, die von ständigem Wandel und Unsicherheit geprägt ist, bieten die stoische Perspektive Klarheit und Stabilität. Durch das Bemühen, das größere Bild zu erkennen und Erfahrungen sowie Entscheidungen in einen umfassenderen Kontext zu stellen, gewinnen wir ein besseres Verständnis für das, was wirklich von Bedeutung ist. Der Stoizismus zielt darauf ab, mehr Freiheit und Glück im Leben zu finden, ohne sich an materiellen Besitz oder Wohlstand zu klammern. Stattdessen betont er die Reduktion und Entbehrlichkeit von materiellen Gütern.

Man muss kein praktizierender Stoiker sein, um von diesen Perspektiven zu profitieren. Sie bieten wertvolle Einsichten und können dazu beitragen, unser Denken und Handeln zu verbessern, unabhängig von unseren individuellen Überzeugungen und Lebensstilen.

Stoiker sind gefühllose Pessimisten

Der Stoizismus hat immer wieder mit Vorurteilen zu kämpfen. Eines der häufigsten Vorurteile ist, dass stoische Menschen keine Emotionen haben oder sie nicht zeigen dürfen. Wer die Redensart „etwas stoisch ertragen" kennt, wird sie wohl mit „etwas emotionslos ertragen" gleichsetzen. Da mag es überraschen, aber auch bei Stoikern ist das limbische System für die Emotionen verantwortlich, und es ist voll intakt! Stoiker sind nicht emotionslos, sie sind emotionsbewusst.

Stoizismus ist die Lehre über ein gefühlsbewusstes Leben.

Stoiker sind sich bewusst, dass Emotionen ein wichtiger Bestandteil des menschlichen Lebens sind. Sie glauben jedoch daran, dass man lernen kann, Emotionen wahrzunehmen, sie aktiv aufzunehmen und zu bewerten, bevor man sich von ihnen kontrollieren lässt. Sie streben danach, in jedem Moment rational zu handeln, auch wenn sie von starken Emotionen wie Wut oder Trauer überwältigt werden. Im Gegensatz zur Unterdrückung von Emotionen geht es beim Stoizismus darum, eine bewusste Entscheidung darüber zu treffen, wie man auf Emotionen reagiert und sie kontrolliert zulassen kann.

Der Stoizismus ist eine lebensbejahende Philosophie, die sich darauf konzentriert, wie man sein Leben und das der anderen besser gestalten kann. Dabei geht es nicht darum, mehr materielle Güter anzuhäufen oder den höchsten Status in der Gesellschaft zu erreichen. Stattdessen geht es um die Entwicklung der eigenen Persönlichkeit und die Schaffung von Glück durch die Kontrolle unserer Gedanken und Emotionen.

Der Stoizismus ist eine praktische Philosophie, die den Austausch und das Miteinander fördert und zur aktiven Handlung ermutigt. Sie ist nicht nur eine trockene Theorie, sondern hat konkrete Anwendungen im täglichen Leben. Der

Stoiker soll seine innere Ruhe und Stärke nutzen, um anderen Menschen zu helfen und die Gesellschaft zu verbessern. Auch wenn in stoischen Übungen negative Gedanken eine große Rolle spielen, sind diese nur ein Werkzeug. Sie lassen uns negative Emotionen frühzeitig erfahren, um im Fall ihres Eintretens nicht von ihnen übermannt zu werden und gleichzeitig das Positive und Lebendige in den Vordergrund zu rücken.

Ursprünge des Stoizismus

Der Stoizismus ist eine antike Philosophie, die im 3. Jahrhundert v. Chr. von Zenon von Kition in Athen gegründet wurde. Zenon studierte bei verschiedenen Philosophen wie Kynikern, Megarikern und Platonikern, bevor er schließlich seine eigene Philosophie entwickelte, die sich aus diesen verschiedenen Einflüssen zusammensetzte. Eine der bekanntesten Anekdoten des Stoizismus ist die von Zenons Schiffsunglück.[2] Zenon (Sohn eines wohlhabenden Kaufmannes) war auf einer Handelsreise von Phönizien nach Griechenland unterwegs, als sein Schiff in einem Sturm sank und er als einziger Überlebender an die Küste der Stadt Athen gespült wurde. Am Hafen von Athen angekommen, hatte er nichts mehr außer der Kleidung, die er am Leib trug. Während er durch die Stadt wanderte, stieß er auf eine Buchhandlung und beschloss, hineinzugehen, um Bücher zu lesen. Er las das Buch des Xenophon „Die Erinnerungen des Sokrates" und war so fasziniert von Sokrates' Philosophie, dass er beschloss, sich selbst der Philosophie zu widmen. Die Legende besagt, dass Zenon beim Verlassen der

2 Wir sehen auch heute noch, dass Menschen bei Bootsunfällen ihr gesamtes Hab und Gut verlieren. So kam es in der jüngeren Vergangenheit nicht selten vor, dass Bitcoiner berichten, ihre privaten Schlüssel bei einem Bootsunglück verloren zu haben.

Buchhandlung in einen Brunnen stürzte und laut rief: „Gib mir doch einen Freund, der mich führt, wie es Sokrates bei seinen Freunden tat!" Der Philosoph Krates von Theben hörte Zenons Ruf und wurde schließlich sein Lehrer und Mentor.

Diese Geschichte zeigt, wie Zenon trotz seines Schiffbruchs und seiner Verluste die Chance ergriff, seine Lebensphilosophie zu verändern und sich auf die Suche nach Weisheit zu machen.

Zenon studierte die Philosophie unterschiedlicher Lehrer, zog mit der Zeit seine eigenen Schlüsse und begründete seine eigene Denkschule. Er kann nicht als Erfinder der unterschiedlichen Denkansätze verstanden werden, wohl aber als Gründer dieser Denkschule, da er die Synthese zum heute bekannten Stoizismus vollzog. Zenon war überzeugt von seinen Ideen und Gedanken und wollte diese mit anderen teilen. Die Besonderheit von Zenon ist, dass er seine Lehren nicht in geschlossenen Hörsälen verbreitete, sondern in aller Öffentlichkeit. Zenon nutzte dafür eine Vorhalle des Stoa Poikile-Gebäudes, das nach den bemalten Säulen (Stoa) benannt wurde. Dieser Ort war für Menschen jeder Gesellschaftsschicht zugänglich. Später wurde auch seine Philosophie nach diesem Ort benannt. Die Wahl dieses Ortes (ob beabsichtigt oder aus Mangel an Alternativen) führte dazu, dass die Stoa oder der Stoizismus in vielen Gesellschaftsteilen Anklang fand und sich später auch im Römischen Reich verbreitete.[3] Obwohl Zenon als Begründer der stoischen Philosophie gilt, sind heute keine schriftlichen Werke überliefert, die direkt auf ihn zurückzuführen sind. Es wird angenommen, dass Zenon vor allem mündlich unterrichtet hat und dass seine Schriften entweder verloren gegangen oder nie

---

3 Wir werden später noch sehen, dass auch Satoshi Nakamoto bei der Veröffentlichung von Bitcoin einen öffentlichen Ort wählte und Bitcoin aus einzelnen Konzepten vieler Vordenker entstand.

niedergeschrieben wurden. Stattdessen sind uns seine Ideen und Lehren durch Berichte und Aufzeichnungen anderer Stoiker, wie z. B. Seneca, Epiktet und Marcus Aurelius, bekannt. Diese haben die Philosophie von Zenon und anderen Stoikern in ihren eigenen Schriften weiterentwickelt und verbreitet.

Die Verbreitung der Stoa in die römische Antike können wir spätestens an ihren Vertretern erkennen, deren Werke heute am bekanntesten und teilweise oder vollständig überliefert sind. Die römischen Vertreter sind im Wesentlichen auch die großen bekannten Namen des Stoizismus. Die Bandbreite ihrer Herkunft und gesellschaftlichen Stellung zeigt die große und tiefe Durchdringung des Stoizismus. Ihre Werke sind auch heute noch sehr lesenswert.

Lucius Annaeus Seneca (auch Seneca der Jüngere genannt) war ein römischer Philosoph, Dramatiker, Staatsmann und Berater des römischen Kaisers Nero. Er wurde im Jahr 4 v. Chr. in Spanien geboren und verbrachte einen Großteil seines Lebens in Rom. Als junger Mann studierte er Rhetorik und Philosophie in Rom und Alexandria. Als Schriftsteller verfasste er zahlreiche philosophische Werke, darunter Essays über Ethik, Politik und Naturphilosophie sowie Tragödien und Satiren. Er starb im Jahr 65 n. Chr. durch Selbstmord auf Anordnung des Kaisers Nero.

Seneca verfasste zahlreiche Schriften und Briefe, von denen viele bis heute erhalten geblieben sind. Einige seiner bekanntesten Werke sind:

Briefe an Lucilius: Eine Sammlung von 124 Briefen, die Seneca an seinen Freund Lucilius schrieb. In diesen Briefen setzt er sich mit verschiedenen Themen auseinander, wie zum Beispiel Glück, Tugend, Tod und Moral.

De brevitate vitae (Über die Kürze des Lebens): In diesem Werk beschäftigt sich Seneca mit der Vergänglichkeit des Lebens und der Wichtigkeit, das Leben im Hier und Jetzt zu leben.

De clementia (Über die Milde): Ein Werk, das sich mit der Tugend der Milde und Barmherzigkeit beschäftigt. Seneca schrieb dieses Werk für den römischen Kaiser Nero, um ihn zu ermahnen, gerecht und barmherzig zu handeln.

De ira (Über die Wut): In diesem Werk untersucht Seneca das Phänomen der Wut und wie man damit umgehen kann.

Epiktet war ein bedeutender griechischer Philosoph und Stoiker, der im 1. und 2. Jahrhundert n. Chr. lebte. Sein genaues Geburtsdatum und viele Details über sein Leben sind nicht überliefert, aber es ist bekannt, dass er als Sklave geboren wurde. Als junger Mann arbeitete er als Diener für den einflussreichen Römer Epaphroditos in Rom. Durch die Gunst seines Besitzers (ebenfalls ein ehemaliger Sklave) erhielt Epiktet die Möglichkeit, Philosophie bei Gaius Musonius Rufus zu studieren, einem renommierten Philosophen seiner Zeit. Nach seiner Freilassung lehrte Epiktet selbst Philosophie in Rom.

Um das Jahr 90 n. Chr. wurden Philosophen wie Epiktet aus Rom vertrieben, vermutlich auf Anordnung des Kaisers Domitian. Infolgedessen zog sich Epiktet nach Nikopolis in Griechenland zurück, wo er eine Schule gründete und seine Lehren des Stoizismus verbreitete. Obwohl Epiktet selbst keine Bücher schrieb, wurden seine Lehren von seinen Schülern aufgezeichnet und später in Werken wie dem „Enchiridion“ und den „Discourses“ festgehalten.

Epiktets Philosophie betonte die Kontrolle über die eigenen Gedanken und die Gelassenheit im Umgang mit den Dingen, die außerhalb unserer Macht liegen. Trotz eines körperlichen Handicaps – sein Bein war während seiner Zeit als Sklave deformiert worden und heilte nie richtig – akzeptierte Epiktet seine Situation, ohne zu klagen. Vielmehr sah er diese äußeren Umstände als Gelegenheit, seine Lehren der stoischen Philosophie zu vertiefen und zu leben.

Mark Aurel (121-180 n. Chr.) war römischer Kaiser von 161 bis 180 n. Chr. und gehört zu den sogenannten „Fünf guten Kaisern" des Römischen Reiches. Mark Aurel betrachtete seine Rolle als Kaiser nicht als Privileg, sondern als eine Verpflichtung. Eine Verpflichtung, sich stetig selbst zu verbessern und anderen zu helfen, indem er Tugend und Moral in seinem persönlichen und öffentlichen Leben praktizierte. Mark Aurel, einer der bedeutendsten römischen Kaiser und zugleich ein bekannter Stoiker, verkörperte die Tugend der Bescheidenheit in seinem Leben und Wirken. Seine Bescheidenheit zeigte sich auf vielfältige Weise und wurde sowohl durch seine Lebensweise als auch durch seine Schriften, insbesondere die „Selbstbetrachtungen", deutlich. (Das Werk ist auch bekannt als „Meditationen" und gilt als eines der wichtigsten Werke der stoischen Philosophie.)

Er führte ein einfaches, fast schon asketisches Leben, das sich deutlich von den extravaganten Gewohnheiten einiger anderer römischer Kaiser abhob. Er vermied übermäßigen Luxus und Prunk und zeigte wenig Interesse an materiellen Besitztümern. Trotz seines hohen Ranges (als römischer Kaiser war er der mächtigste Mann seiner Zeit) und seines Reichtums bevorzugte er Bescheidenheit in seinen persönlichen Bedürfnissen. In seinen „Selbstbetrachtungen" reflektierte Mark Aurel oft über seine eigenen Schwächen und Fehler. Er ermahnte sich selbst zur Bescheidenheit und zur Selbstbeherrschung und mahnte sich, sich nicht von Ruhm oder Reichtum blenden zu lassen. (Solche Selbstkritik sucht man heutzutage bei Politikern vergeblich.) Auch seinen Untertanen und politischen Gegnern gegenüber zeigte er Milde und Gerechtigkeit. Ein bemerkenswertes Beispiel ist sein Umgang mit Avidius Cassius. Während des Partherkrieges (161–166 n. Chr.) ernannte sich Avidius Cassius, ein General, zum Herrscher über das heutige Ägypten und hinterging damit Mark Aurel. Trotz dieser offenen Rebellion entsandte Mark Aurel Friedensbotschafter, um mit Avidius Cassius zu verhandeln. Zu diesen Verhandlungen kam es zwar nie, denn die Reisezeiten waren noch etwas länger und Videotelefonie war noch nicht erfunden und so wurde Avidius Cassius von einem Centurio getötet, bevor es zu Gesprächen kommen konnte, doch der Versuch allein verdient Hochachtung.

Auch im Alltag blieb Marcus Aurelius stets bescheiden und zurückhaltend. Oft kleidete er sich einfach und vermied prunkvolle Gewänder und Schmuck. Auf seinen Reisen schlief er in einfachen Feldbetten und aß die gleiche Nahrung wie seine Soldaten. Dieser zurückhaltende Lebensstil ist nicht nur heute bemerkenswert, sondern wird besonders im historischen Kontext interessant. Das Römische Reich, insbesondere seine wohlhabende Bevölkerung, ist noch heute für ausschweifende Lebensstile mit prunkvollen Kleidern und Festlichkeiten bekannt. Es war durchaus üblich, dass sogar der Kaiser dieses Reiches einen ausschweifenden, oft dekadenten Lebensstil pflegte, da Geld oder Macht keine Hindernisse darstellten. Marcus Aurelius hingegen sticht mit seiner bescheidenen, fast asketischen Lebensweise deutlich hervor.

Zeiten der Krise

Der Stoizismus ist kein Selbstzweck. Er ist ein Kompass für schwierige Situationen und unsichere Zeiten. So wurde die Philosophie auch schon in der Antike inmitten von politischer Instabilität und gesellschaftlichem Umbruch groß. Die Menschen im antiken Griechenland und im Römischen Reich fanden im Stoizismus eine Quelle der Hoffnung und inneren Stärke. Diese Philosophie bot Antworten auf existenzielle Fragen und diente als Leuchtturm der Orientierung in Zeiten des Wandels und der Unsicherheit. In Griechenland trat der Stoizismus während der hellenistischen Epoche auf, als das Reich nach dem Tod Alexanders des Großen in mehrere Nachfolgestaaten zerfiel. Diese Zeit war von politischen Konflikten, Kriegen und einer allgemeinen Entwurzelung geprägt, da die Menschen sich in einer neuen Weltordnung wiederfinden mussten.

Im späteren Römischen Reich sehen wir Parallelen. Der Stoizismus wurde hier beliebt, während die Republik und das darauffolgende Kaiserreich eine Ära der Instabilität und Unsicherheit erlebten. Politische Machtkämpfe, Bürgerkriege und der Verfall traditioneller Werte prägten diese Zeit. Die römische Gesellschaft war stark hierarchisch strukturiert, wobei eine kleine Elite über immense Macht und Reichtum verfügte, während die breite Masse oft in Armut und Unterdrückung lebte.

Sowohl in Griechenland als auch im Römischen Reich gewann der Stoizismus schnell an Popularität, da er den Menschen in diesen Zeiten des Wandels Trost, Orientierung und eine geistige Zuflucht bot. Er half den Menschen, eine innere Ruhe zu finden und ein Leben zu führen, das von Tugend und moralischer Integrität geprägt war, unabhängig von äußeren Umständen und Turbulenzen.

Und heute? Der Stoizismus erlebt in den letzten Jahren eine bemerkenswerte Renaissance, wie die Erfolge von Autoren wie Ryan Holiday und das wachsende Interesse an Resilienztechniken verdeutlichen. Obwohl viele Resilienztrainer nicht explizit auf die alten Stoiker verweisen, zeigen ihre Ansätze doch große Ähnlichkeiten mit den stoischen Lehren – das ist wohl mehr als nur Zufall.

Die erneute Aufmerksamkeit für den Stoizismus ist auch (wieder) das Ergebnis externer Einflüsse. Seit Jahrzehnten erlebt die Weltbevölkerung eine anhaltende Abfolge von Krisen und Konflikten, deren Frequenz in jüngster Zeit zugenommen hat. Immer mehr Kriege und Konflikte prägen unseren Alltag. Auch in der Antike gab es wohl viele kleine Konflikte und Krisen. Zu unserem Nachteil werden sie heute aber beinahe in Echtzeit auf den Bildschirmen präsentiert. Die wirtschaftlichen und kulturellen Auswirkungen sind spürbar: Unsere Arbeitsplätze sind weniger sicher als noch vor 30 Jahren, und die zunehmende Migration hat Einfluss auf unsere kulturellen Normen und Werte. Selbst in den engsten sozialen Kreisen, wie der Familie, entstehen Reibungspunkte durch die Verschiebung der gesellschaftlichen Paradigmen im Laufe der Zeit.

> „*Schwere Zeiten schaffen starke Männer, starke Männer schaffen gute Zeiten, gute Zeiten schaffen schwache Männer, und schwache Männer schaffen wiederum schwere Zeiten.*“
>
> Autor unbekannt

Wie wir uns später noch genauer ansehen werden, ist ein Stoiker dankbar für Krisen. Krisen können auch als Chance verstanden werden. Aus schwierigen Zeiten können neue und robustere Ideen entstehen. Die Finanzkrise von 2008 war ein solcher Wendepunkt, der einen gewissen Satoshi Nakamoto dazu veranlasste, sich intensiv mit dem Geld- und Finanzsystem auseinanderzusetzen. Nakamoto erkannte dabei erhebliche strukturelle Probleme, und anstatt sich gegen das bestehende System zu wehren, schuf er eine neue Lösung. Dass dies im zeitlichen Zusammenhang mit der Finanzkrise steht, ist kein Zufall, wie Satoshi Nakamoto klar in der ersten Nachricht innerhalb des Bitcoin-Netzwerks mitteilte.

> *„The Times 03/Jan/2009 Chancellor on brink of second bailout for banks"*
>
> Satoshi Nakamoto, Genesis Block

Das war die Schlagzeile der britischen Zeitung „The Times" vom 03.01.2009: „Kanzler steht vor zweiter Bankenrettung". Hier stand die Entscheidung über ein zweites Rettungspaket für Banken aus. Die weitere Verbreitung und Adaption von Bitcoin folgte in den darauffolgenden Jahren und läuft noch heute.

Der Zusammenhang von Krisen und dem Geldsystem ist historisch auch nichts Neues. Der römische Denar verlor etwa 95 % Kaufkraft über 400 Jahre (100 v. Chr. – 300 n. Chr.). Der Edelmetallanteil in den Münzen wurde hier sukzessive verringert, somit konnten mehr Münzen in den Umlauf gebracht werden. Dabei waren vor allem die Silbermünzen (das Geld des kleinen Mannes) betroffen. Diesen Prozess der Münzverschlechterung haben wir heute deutlich beschleunigt. So hat der Dollar (Weltleitwährung) einen Kaufkraftverlust von über 95 % in 100 Jahren erreicht.

Es sollte also nicht verwundern, dass durch die Krisen der letzten Jahre, die hohe Inflation und wirtschaftlichen Probleme das Interesse an Bitcoin und dem Stoizismus steigt.

Bitcoin. Das Geld der Philosophen

Am 31.10.2008 veröffentlicht eine unbekannte Entität namens Satoshi Nakamoto ein Dokument mit dem Titel:

„Bitcoin: A Peer-to-Peer Electronic Cash System"[4]

„Bitcoin: Ein elektronisches Peer-to-Peer-Zahlungssystem"[5]

Das Dokument wird heute als „Bitcoin-Whitepaper" bezeichnet. Bitcoin wird dort als dezentrales digitales Zahlungssystem beschrieben. Die Grundlage dieses Zahlungssystems ist eine öffentlich einsehbare und unveränderliche Datenbank, in der alle Transaktionen gespeichert werden. Heute als „Blockchain" bekannt. Das System ermöglicht es Benutzern, Bitcoin-Einheiten direkt an andere Benutzer zu senden, ohne dass eine zentrale Autorität wie eine Bank erforderlich ist.

Um das Stoische im Bitcoin zu verstehen, müssen wir uns einige Eigenschaften genauer anschauen:

Bitcoin ist führungslos

Bitcoin wird als dezentrales Netzwerk beschrieben, doch was heißt das und wer ist verantwortlich, wenn Probleme auftreten?

Die Antwort lautet: jeder und niemand.

4 Bitcoin Whitepaper, Satoshi Nakamoto, 2008
5 „Peer-to-peer" bedeutet sinngemäß „von gleich zu gleich"

Bitcoin ist ein Netzwerk, das auf einem bestimmten Regelsatz beruht, der über die Software und das White Paper definiert ist. Die Software und damit das Netzwerk sind über das Internet frei für jedermann zugänglich. Der Quellcode der Software ist Open Source[6] und damit für jeden Interessierten einsehbar. Somit kann auch jeder Mensch (mit etwas Programmierkenntnis) den Softwarecode auf seine Bedürfnisse anpassen. Hier spielen die natürlichen Eigenschaften eines Netzwerks eine zentrale Rolle. Um ein Netzwerk aufzubauen, müssen alle Beteiligten die gleiche Sprache sprechen und sich auf die gleichen Regeln verständigen. Somit kommen wir zu einem Zustand, dass das Bitcoin-Netzwerk für jeden Teilnehmer einsehbar ist, aber eine Änderung von allen Teilnehmern unterstützt werden müsste. Will ein einzelner Teilnehmer oder eine kleine Gruppe neue Regeln festlegen, mit denen die Mehrheit der Teilnehmer nicht einverstanden ist, dann werden die neuen Regeln einfach abgelehnt. Für die neuen Regeln müsste ein eigenes Netzwerk gegründet werden. In diesem neuen Netzwerk könnten sie ihre eigenen Regeln bestimmen. Das „alte“ Bitcoin-Netzwerk würde das nicht beeinflussen. Hier sind die Regeln bestehen geblieben. Um eine Änderung im Bitcoin-Netzwerk durchzuführen, bedarf es der Zustimmung der absoluten Mehrheit. Dabei gilt weiter, auch eine ablehnende Minderheit muss nicht den neuen Regeln folgen, sie kann immer auf dem für sich definierten Regelwerk bleiben. Wir können festhalten: Bitcoin ist nicht führungslos, das Netzwerk wird von allen Teilnehmern gleichberechtigt geführt.

6 Deutsch: quelloffen

Bitcoin ist Geld

Bitcoin wird als elektronisches Bargeld beschrieben. Doch was ist „Geld“?

Geld ist Wertspeicher, Tauschmittel und Recheneinheit. Für unseren Alltag benötigen wir unterschiedlichste Produkte, Energie und Dienstleistungen. Wir kaufen uns morgens Brötchen beim Bäcker, wir heizen unsere Wohnungen und wir lassen uns die Haare schneiden. All diese Güter tauschen wir gegen einen bestimmten Betrag an Geld. Das Tauschverhältnis wird durch den Preis der Güter bestimmt. Der Preis ist eine Anzeige, wie viel Geld man benötigt, um ein Gut ertauschen zu können. Die Höhe des Preises wird in Geld angegeben, womit das Geld auch zur Recheneinheit geworden ist. Um zu dem Punkt zu kommen, dass man einen Tauschhandel mit Geld durchführen kann, muss man dieses Geld zunächst besitzen. In der Regel bietet man anderen Waren oder Dienstleistungen an, welche einem dafür Geld geben. Damit man nun die gewünschten Güter erwerben kann, muss man eine ausreichende Menge seiner Waren oder Dienstleistungen verkaufen und den Erlös akkumulieren. Das zusammengetragene Geld muss nun aber den Wert nicht nur durch den Raum, sondern auch durch die Zeit tragen, damit man in einer nahen oder fernen Zukunft die gewünschten Güter ertauschen bzw. kaufen kann. In der Geschichte der Menschheit haben wir gesehen, dass die unterschiedlichsten Dinge als Geld verwendet worden sind: Muscheln, Perlen, Salz, Tiere, Edelmetalle oder bedrucktes Papier. Damit ein Geld die oben beschriebenen Funktionen erfüllt muss es bestimmte Eigenschaften haben:

Knappheit: Das Gut muss in seiner Menge und Verfügbarkeit begrenzt sein.
Teilbarkeit: Das Gut muss (einfach) in kleinere Einheiten unterteilt werden können.
Transporttierbarkeit: Das Gut muss leicht durch Zeit und Raum transportiert werden können.
Fungibilität: Zwei gleiche Einheiten des Gutes sollten denselben Wert haben.
Überprüfbarkeit: Jeder Nutzer sollte die Echtheit des Gutes erkennen können.
Reputation: Das Gut sollte sich bereits möglichst lange, als Geld bewährt haben.
Zensurresistenz: Jeder Mensch sollte Zugang zu diesem Gut haben.

Bitcoin erfüllt die oben genannten Eigenschaften nahezu perfekt. Die Anzahl an zu schürfenden Bitcoin ist im Code auf 21 Millionen beschränkt. Das macht Bitcoin zu einem absolut knappen Gut. Diese 21 Millionen Bitcoin lassen sich in sogenannte Satoshi unterteilen. 100.000.000 Satoshi ergeben einen Bitcoin. Bitcoin ist ein digitales Gut, somit lässt sich Bitcoin in Sekunden um die ganze Welt verschicken und kann nicht mit der Zeit verderben. Über die Fungibilität von Bitcoin könnte man streiten. Prozessbedingt gibt es Bitcoin, die schon sehr früh in der Geschichte erstellt wurden oder Bitcoin, die zu speziellen Ereignissen (z. B. das Halving[7]) erstellt wurden und somit womöglich einen gewissen zusätzlichen Sammlerwert besitzen. Aber diesen Bitcoin einen besonderen Wert beizumessen, liegt in der Betrachtung der Nutzer. Funktional gibt es keinen Unterschied zwischen zwei Satoshi. Erhält

7 Beim Halving halbiert sich die ausgeschüttete Belohnung für den Betrieb des Bitcoin Netzwerkes.

man Bitcoin als Zahlungsmittel von einem Handelspartner, kann man auch immer von seiner Echtheit ausgehen, denn es gibt keine gefälschten Bitcoin auf der Blockchain. Eine hohe Reputation lässt sich nur mit konstanter Leistung über einen langen Zeitraum aufbauen. Heute, im Jahr 2025, existiert Bitcoin seit 16 Jahren. Für viele Bitcoiner ist dies ein ausreichend langer Zeitraum, im Vergleich zur Historie von Gold ist es jedoch nur ein Wimpernschlag. Gold kann hier auf eine Historie von mehreren Tausend Jahren zurückgreifen. Das Bitcoin-Netzwerk ist frei über das Internet zugänglich, das verschafft jedem Menschen die Möglichkeit, Warenhandel in Bitcoin abzurechnen. Es gibt keine zentrale Instanz, die den Zugang zum Netzwerk verwaltet oder reglementieren könnte. Selbst wenn man den Zugang zum Internet temporär verliert, reicht es, wenn man sich 12 oder 24 Wörter im Kopf merkt, um immer wieder an seine Ersparnisse zu gelangen. Daraus lässt sich eine Ermächtigung des Individuums ableiten, die wir bisher noch nicht gesehen haben.[8]

Puzzeln ist auch Arbeit

Wie beschrieben, basiert das Bitcoin-Netzwerk auf einer öffentlich einsehbaren und unveränderlichen Datenbank. Wenn wir unsere Brötchen beim Bäcker kaufen, wird eine Transaktion ausgeführt und meine Satoshi werden an den Bäcker gesendet. Dieser Tausch wird in der Datenbank – Blockchain – festgehalten und abgewickelt. Um nun einen weltweit eindeutigen Stand dieser Datenbank zu haben, muss ein Teilnehmer des Netzwerks ausgewählt werden, um diese Transaktion für

8 Beim Halving halbiert sich die ausgeschüttete Belohnung für den Betrieb des Bitcoin Netzwerkes.

alle sichtbar aufzuschreiben. Um dem Netzwerkteilnehmer einen Anreiz zu liefern, die Dienstleistung des Buchhalters zu übernehmen, bekommt er eine Belohnung in Form von Transaktionsgebühren und einer definierten Menge an neu erschaffenen Bitcoin.

Kleiner Exkurs: Die maximale Menge an Bitcoin ist auf 21 Millionen begrenzt, diese Menge wird jedoch erst um das Jahr 2140 erreicht werden. Bis dahin werden für jeden Datenbankeintrag neue Bitcoin (oder Anteile) ausgegeben.

Um zu entscheiden, wer den Eintrag in die Blockchain durchführen darf und damit die Gebühren verdient, wird ein Wettbewerb eröffnet, der dem Zufall unterworfen ist und gleichzeitig nachweisbare physikalische Arbeit erfordert. Um den Eintrag in die Blockchain machen zu können, muss eine mathematische Aufgabe gelöst werden, die mit sehr großen Zahlen hantiert. Zur Lösung dieser Aufgabe benötigt man Rechenleistung von Computern. Je mehr Buchhalter sich um diesen Job bewerben, desto mehr Rechenleistung muss man aufbringen, um die Aufgabe zu lösen und damit diese Aufzeichnung durchführen zu dürfen. Diese Rechenleistung ist die Art von Arbeit, die im Bitcoin als „Proof of Work" (Arbeitsnachweis) bezeichnet wird. Jeder Teilnehmer des Netzwerks kann die Richtigkeit der Lösung einfach überprüfen, für das Finden der Lösung wird jedoch der Einsatz von Energie benötigt. Ein schönes Beispiel aus dem Alltag ist ein Puzzle. Jeder, der ein fertiges Puzzle sieht, kann mit einem Blick seine Richtigkeit bestätigen. Man weiß jedoch auch, dass das Zusammenpuzzeln Arbeit und Zeit gekostet hat. Proof of Work ist Bitcoins Anker in die physische Welt.

Neues Geld ist nichts Neues

Neues Geld oder Währungsreformen haben wir in der Geschichte schon häufig gesehen. Außer den Abbildungen auf den Münzen und Scheinen haben diese jedoch keine nennenswerten Unterschiede gehabt. Warum sollte das mit Bitcoin anders sein?

Wie oben beschrieben, hat Bitcoin einige grundlegende Eigenschaften, die ihn von den bisherigen Fiat-Währungen unterscheidet.[9] Diese Eigenschaften von Bitcoin als Geld werden einige Effekte auf unsere Wirtschaft und Gesellschaft haben. Das sind zum Teil belegbare Fakten, die man bereits im Zeitalter des Goldstandards gesehen hat, und zum Teil theoretische Effekte, die sich aus Ableitungen anderer deflationärer Industrien (Computer und Smartphones) ergeben.

Bitcoins Hauptmerkmale sind Knappheit, Zensurresistenz und Überprüfbarkeit. Keine dieser Eigenschaften kann das Fiat-Geldsystem aufweisen.

Durch seine Begrenzung auf 21 Millionen wird Bitcoin als ein deflationäres Geld bezeichnet. Dies steht im fundamentalen Gegensatz zum heutigen Fiat-Geld, bei dem die Geldmenge nach Belieben ausgedehnt (inflationiert) werden kann. Die Begriffe Inflation und Deflation haben im Laufe der Zeit auch unterschiedliche Bedeutungen bekommen. Der lateinische Ursprung von Inflation ist „inflare“ was ausdehnen oder aufblähen bedeutet. Deflation ist demnach das Schrumpfen. In der Vergangenheit wurden die Begriffe für die vorhandene Geldmenge verwendet. Heute beziehen die Begriffe sich eher auf die Preise von Handelsgütern. In

9 Fiat-Währung: „Fiat“ kommt aus dem Lateinischen und heißt so viel wie „es werde“. Damit ist die Geldschöpfung gemeint. Fiat-Geld kann von Zentral- oder Regionalbanken per Knopfdruck erzeugt werden und wird über Kreditvergaben in den Wirtschaftskreislauf gebracht.

einem inflationären Geldsystem steigen die Preise stetig, in einem deflationären Geldsystem fallen Preise mit der Zeit. In freien Märkten kann der Anstieg von Preisen unterschiedliche Gründe haben. Zum Beispiel: Güterknappheit, Lieferkettenprobleme, erhöhte Nachfrage, Steuern oder Zölle. Aber in unter einem Fiat-Standard ist der Preisanstieg fest einprogrammiert. Denn immer, wenn die Geldmenge gegenüber einer relativ konstanten Gütermenge erhöht wird, verteilt sich die gestiegene Geldmenge auf die vorhandene Gütermenge und der Preis für die Güter steigt. Ein inflationäres Geld sorgt somit immer für kontinuierlich steigende Preise. Bei einer festgesetzten Geldmenge würden die Preise nicht mehr von dem Effekt der Geldmengenausweitung beeinflusst werden. Preisänderungen würden sich nun ausschließlich aus sich ändernden Marktsituationen ergeben. Ressourcenknappheit und Lieferengpässe würden zu steigenden Preisen führen. Innovationen, Automatisierung oder Wettbewerbsdruck würden nun aber zu Preissenkungen führen. Sinkende Preise bedeuten mehr Kaufkraft pro Geldeinheit, Sparen würde belohnt werden, weil man für sein Geld mehr Güter erwerben kann, wenn man den Konsum in die Zukunft verlagert.

Der Zugang zum heutigen Geldsystem erfolgt im Wesentlichen über Banken. Die Banken verwalten unser Geld und führen Transaktionen aus. Wenn man nicht gerade mit Bargeld zahlt, benötigt man die Bank als Mittelsmann. Dieser Mittelsmann ist ein privates Unternehmen und unterliegt somit nicht nur dem Druck der Marktwirtschaft, sondern auch den Gesetzen des jeweiligen Landes. Wir sehen in vielen Ländern der Welt, dass Menschen keinen Bankzugang erhalten. Dies kann wirtschaftliche, aber auch politische oder religiöse Gründe haben. Das Bargeld kann den Mittelsmann umgehen.

Es eignet sich jedoch nur mäßig für große Beträge und ist nutzlos bei Transaktionen im Internet. Dazu kommt, dass die Kaufkraft des Bargeldes auch der Inflation unterworfen ist.

Bitcoin ist hier fundamental anders. Das Netzwerk ist rund um die Uhr weltweit für jeden Menschen offen und führt Transaktionen von Teilnehmer zu Teilnehmer durch, ohne Mittelsmann. Es ermöglicht damit Menschen, an der Marktwirtschaft teilzunehmen, die zuvor nicht einmal ein Bankkonto besitzen konnten.

Man hat nun zwei Möglichkeiten, Bitcoin zu nutzen. Der alte und bekannte Weg: Man nutzt Bitcoin wie das klassische Bankensystem. Hier erstellt man sich ein Konto bei einem Bitcoin-Verwahrer und führt seine Transaktionen über Onlinebanking aus. Hier bleibt der Mittelsmann bestehen. Der Mittelsmann ermöglicht dem Nutzer in der Regel einen höheren Komfort. Oder man geht den zweiten Weg und wird selber zum Teilnehmer des Netzwerks und verzichtet auf den Mittelsmann. Durch den Wegfall dieses Mittelsmanns muss aber jemand anderes das Geld verwalten und die Transaktionen durchführen: Der Netzwerkteilnehmer, das Individuum, **DU und ICH!** Das bringt eine große Freiheit mit sich. Mit der Freiheit kommt aber auch die Verantwortung. Man muss nun deutlich mehr Selbstverantwortung für sein Handeln übernehmen. Beim Verlust der Zugangsdaten gibt es nun keinen Bankberater mehr, der das Passwort zurücksetzen könnte. Sendet man Geld an eine falsche Adresse, kann dies auch niemand rückgängig machen. Jeder Teilnehmer handelt eigenverantwortlich.

Das Fiat-Geldsystem benötigt ein hohes Maß an Vertrauen. Die Geldschöpfung findet bei den Banken statt, gesteuert über den Leitzins der Zentralbanken. Eine echte Transparenz über diese Prozesse gibt es nicht. Und auch das Bargeld ist nicht

100 % fälschungssicher. Im täglichen Gebrauch wird kaum überprüft, ob eine Banknote echt oder gefälscht ist. Dagegen steht das Bitcoin-Protokoll und die Transaktionshistorie in der Blockchain. Der Code und die Datenbank sind für jeden zu jeder Zeit einsehbar. Eine Transaktion kann von jedem Teilnehmer in Echtzeit auf ihre Echtheit überprüft werden.

Ob Bitcoin eine Währung ist, darüber streiten sich die Gelehrten. Muss Geld von einem Staat ausgegeben werden oder reicht es, wenn sie von einem Staat akzeptiert wird, um als Währung zu gelten? Diese Frage werden wir hier nicht beantworten. Was wir wissen ist: Bitcoin ist Geld. Ein Geld, das sich frei am Markt entwickelt hat, das jedem Menschen zur Verfügung steht, das absolut begrenzt ist, das zu 100 % überprüfbar ist und das im digitalen Raum bewegt werden kann.

Das Haus der Philosophen

Wir haben nun einen ersten Einblick in den Stoizismus und die wesentlichen Eigenschaften von Bitcoin kennengelernt. Um zu verstehen, warum Bitcoin die Gesellschaft zu mehr Gelassenheit und tugendhaftem Verhalten führen wird, werden wir tiefer in den Stoizismus eintauchen und dabei immer wieder auf den Bitcoin blicken. Die Nähe des Bitcoins zum Stoizismus beruht hauptsächlich auf den Implikationen, die ein freies deflationäres Geld auf den Menschen als Individuum und damit auf die gesamte Gesellschaft hat.

Doch bevor wir die Früchte unserer stoischen Reise ernten können, benötigen wir einen Ort, ein Haus, in dem unsere Früchte der Erkenntnis aufbewahrt werden können. Wir wollen uns ein Philosophenhaus errichten und dem Stoizismus eine Heimat geben. Unsere Bestandteile heißen Logik, Physik und Ethik. Sie bilden das Fundament, die Wände und das Dach. Ohne eines dieser Elemente ist es kein Haus. Alle drei Elemente bauen aufeinander auf und sind entscheidend für die Langlebigkeit des Hauses.

Logik ist im Stoizismus die Grundlage des Wissens und des rationalen Denkens, unser Fundament. Sie umfasst nicht nur formale Logik, sondern auch Erkenntnistheorie und Rhetorik. Sie ist entscheidend, um klare und präzise Gedanken zu formulieren, Fehlschlüsse zu vermeiden und die Wahrheit zu erkennen. Die Logik ist ein Werkzeug, um Weisheit zu erlangen und eine fundierte Urteilsfähigkeit zu entwickeln. Die Logik ist das Fundament unseres philosophischen Hauses.

Physik umfasst für die Stoiker die gesamte Naturlehre und Kosmologie. Das Universum wird als ein rational geordneter Kosmos angesehen, der von einer göttlichen Vernunft (Logos) durchdrungen ist. Alles in der Natur folgt einem rationalen Plan. Das Verständnis der natürlichen Gesetze ist wesentlich, um im Einklang mit der Natur zu leben. Die stoische Physik betont die Verbundenheit aller Dinge und die Idee, dass alles seinen Platz und seine Funktion im großen Ganzen hat. Das Allumfassende der Physik bildet die Wände unseres Hauses.

Ethik ist im Stoizismus die höchste Disziplin und das eigentliche Ziel der Philosophie. Sie befasst sich mit der Frage, wie man ein gutes und tugendhaftes Leben führt. Die stoische Ethik lehrt, dass Tugend das einzige wahre Gut ist und dass äußere Güter wie Reichtum, Gesundheit und Ruhm keinen Einfluss auf das wahre Glück haben. Die Stoiker strebten nach Unabhängigkeit gegenüber externen Umständen und betonten die Bedeutung der inneren Ruhe und des Gleichmuts. Die Ethik ist das Dach unseres Hauses. Es schützt uns vor äußeren Einflüssen.

Im Stoizismus sind diese drei Disziplinen untrennbar miteinander verbunden. Die Logik liefert die Werkzeuge, um klare und wahre Erkenntnisse zu gewinnen. Die Physik bietet das Verständnis des kosmischen Ordnungsprinzips und der Naturgesetze, und die Ethik zeigt, wie man im Einklang mit der Natur und der Vernunft lebt, um ein tugendhaftes und erfülltes Leben zu führen. Durch die Kombination dieser drei Disziplinen streben die Stoiker danach, Weisheit zu erlangen und ein Leben in Übereinstimmung mit der Natur und der Vernunft zu führen.

Jetzt haben wir unserem inneren Stoiker ein Zuhause geschaffen. Jetzt wollen wir es mit Leben füllen und wohnlich einrichten.

Eudaimonie – das innere Glück

Mit der Eudaimonie betreten wir das Wohnzimmer oder die Küche unseres Hauses. Es ist der Raum, in dem sich der Stoiker wohlfühlt, Kraft tanken kann und die meiste Zeit des Tages verbringt. Die Eudaimonie ist ein philosophisches Konzept, das auf den antiken griechischen Philosophen Aristoteles zurückgeht. Es bezieht sich auf das Streben nach einem glücklichen, erfüllten und sinnvollen Leben. Der Begriff „Eudaimonie" leitet sich vom griechischen Wort „eudaimonia" ab, das oft mit „Glückseligkeit" oder „Wohlbefinden" übersetzt wird, jedoch eine tiefere Bedeutung hat. In der aristotelischen Ethik wird Eudaimonie als das höchste Ziel des menschlichen Lebens angesehen. Wahre Erfüllung und Glück bestehen darin, ein tugendhaftes Leben zu führen und sein volles Potenzial als menschliches Wesen zu entfalten. Dies beinhaltet den Erwerb von Tugenden wie Weisheit, Tapferkeit, Gerechtigkeit und Selbstbeherrschung sowie die Ausübung moralischen Verhaltens. Eudaimonie wird oft als ein Zustand des inneren Wohlbefindens, der Erfüllung und des harmonischen Gleichgewichts in verschiedenen Aspekten des Lebens betrachtet, einschließlich physischer, emotionaler, intellektueller und sozialer Dimensionen. Es geht darum, ein sinnvolles und wertvolles Leben zu führen, das im Einklang mit den eigenen Werten, Zielen und Überzeugungen steht.

Auch nach dieser Erläuterung ist „Eudaimonie" wohl noch ein sehr abstrakter Begriff. Um es handhabbar und begreifbar zu machen, können wir die Eudaimonie in drei wesentliche Teilelemente gliedern: in Aréte, Selbstverantwortung und den Fokus auf den eigenen Einflussbereich. Über diese drei Bereiche kommen wir der inneren Glückseligkeit schon einen großen Schritt näher.

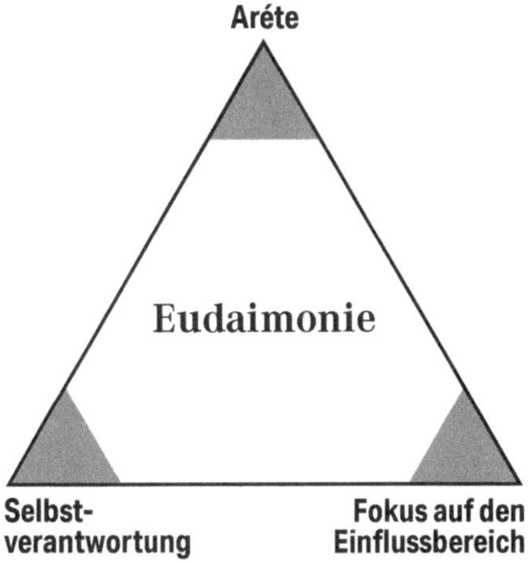

Aréte ist ein zentraler Bestandteil der Eudaimonie, da es sich um das Streben nach Tugend und Exzellenz im Rahmen eines erfüllten und sinnvollen Lebens handelt. In der antiken griechischen Kultur wurde Aréte als eine Art ideales Streben betrachtet, bei dem man beständig danach strebt, das Beste aus sich selbst herauszuholen und sein volles Potenzial zu entfalten. Es geht darum, Tugenden wie Tapferkeit, Weisheit, Gerechtigkeit, Selbstbeherrschung und Mitgefühl zu entwickeln und in verschiedenen Bereichen des Lebens herausragende Leistungen zu erbringen. Aréte bezieht sich nicht nur auf individuelle Exzellenz, sondern auch auf das Streben nach moralischer Vorbildlichkeit und positivem Beitrag zur Gemeinschaft. Es geht darum, ein vorbildliches Leben zu führen, das von moralischer Integrität, ethischem Verhalten und Engagement für das Gemeinwohl geprägt ist.

Aréte wird auch als ein Leben im Einklang mit der Natur beschrieben. Nach Aristoteles besteht die menschliche Natur aus der Vernunft und der Fähigkeit zur Ethik. Ein Leben im

Einklang mit der Natur bedeutet daher, die Vernunft zu nutzen, um moralische Entscheidungen zu treffen und tugendhafte Handlungen auszuführen. Es bedeutet auch, die natürlichen Bedürfnisse des Körpers und des Geistes zu respektieren und ausgewogen zu leben. Das Streben nach Aréte beinhaltet daher auch die Anerkennung und Wertschätzung der natürlichen Welt und der natürlichen Ordnung. Es geht darum, ein Gleichgewicht zwischen dem individuellen Streben nach Exzellenz und dem harmonischen Zusammenleben mit der Natur zu finden. Ein Leben im Einklang mit der Natur bedeutet, die Umwelt zu respektieren, nachhaltig zu handeln und sich bewusst zu sein, dass der Mensch Teil eines größeren ökologischen Ganzen ist.

Ein Leben in Aréte trägt zur Eudaimonie bei, da es das Führen eines sinnvollen und erfüllten Lebens ermöglicht. Wenn man nach Tugendhaftigkeit strebt und seine Fähigkeiten und Potenziale entfaltet, wird man ein Gefühl der Erfüllung und des inneren Wohlbefindens erleben. Aréte führt zu einer harmonischen Entwicklung der eigenen Fähigkeiten und trägt dazu bei, dass man das Beste aus sich herausholt und seine individuellen Ziele und Werte verwirklicht.

Selbstverantwortung bedeutet, die persönliche Verantwortung für sein eigenes Glück, Wohlbefinden und Leben zu übernehmen. Es beinhaltet die bewusste Entscheidung, aktiv an der Gestaltung seines eigenen Lebens teilzunehmen und die notwendigen Schritte zu unternehmen, um eine erfüllte und bedeutungsvolle Existenz zu erreichen.

In der aristotelischen Ethik und der Idee der Eudaimonie wird betont, dass das Streben nach einem guten Leben nicht passiv erfolgen kann. Es erfordert eine bewusste Wahl und die Übernahme von Verantwortung für die eigenen Handlungen, Entscheidungen und das Streben nach Tugend und Exzellenz.

Die Verantwortung, die im Rahmen der Eudaimonie übernommen wird, beinhaltet die Anerkennung der eigenen Freiheit und Autonomie, die bewusste Ausrichtung auf die eigenen Werte und Ziele sowie die Bereitschaft, die notwendigen Anstrengungen zu unternehmen, um diese zu erreichen. Es bedeutet auch, Verantwortung für die eigenen Tugenden und moralischen Entscheidungen zu übernehmen und die Konsequenzen dieser Entscheidungen anzuerkennen.

Indem man Verantwortung für sein eigenes Glück und Wohlbefinden übernimmt, schafft man die Grundlage für ein erfülltes und sinnvolles Leben. Man erkennt, dass das eigene Handeln und die eigenen Entscheidungen einen direkten Einfluss auf das eigene Wohlergehen und das Wohlergehen anderer haben können. Die Übernahme von Verantwortung ermöglicht es einem, bewusst an der eigenen Entwicklung und dem Streben nach Tugend und Exzellenz zu arbeiten und somit den Weg zur Eudaimonie zu ebnen.

Fokus auf das Kontrollierbare. Diese Ecke der Eudaimonie hat zwei Ebenen: die äußere und die innere Ebene des Kontrollierbaren, auch Dichotomie der Kontrolle genannt.[10]

Im Äußeren geht es darum, seine Aufmerksamkeit und Anstrengungen auf die Dinge zu lenken, die man tatsächlich beeinflussen und kontrollieren kann. Es geht darum, sich auf das zu konzentrieren, was innerhalb der eigenen Macht- und Einflusssphäre liegt, um ein erfülltes und sinnvolles Leben zu führen. Im Streben nach Eudaimonie ist es wichtig, sich auf die Aspekte des Lebens zu konzentrieren, die von individuellen Entscheidungen und Handlungen abhängig sind. Es beinhaltet die Erkenntnis und Akzeptanz, dass es Dinge gibt, die außerhalb der eigenen Einflusssphäre liegen, Dinge, auf die man kei-

10 Manche sprechen auch von der Trichotomie der Kontrolle, weil es Dinge gibt, die man zum Teil beeinflussen kann.

nen direkten Einfluss hat, wie das Wetter oder das Verhalten anderer Menschen. Daher ist es sinnvoll, die Energie und Aufmerksamkeit auf das zu richten, was innerhalb der eigenen Kontrolle liegt. Indem man den Fokus auf das Kontrollierbare legt, kann man seine Ressourcen effektiver nutzen und sich auf die Bereiche konzentrieren, in denen man einen Einfluss hat. Das lenkt den Blick auf das Innere.

Im Inneren steht die Idee im Vordergrund, dass man sein Wohlbefinden und seine Zufriedenheit dadurch erreicht, dass man seine Haltung und Reaktionen auf die äußeren Umstände kontrolliert. Die Stoiker unterstreichen immer wieder, dass man keine Kontrolle über die externen Ereignisse und Umstände hat, aber man hat die Kontrolle über die eigene Haltung, die eigenen Werturteile und die eigenen Reaktionen. Man kann seine eigenen Gedanken, Einstellungen, Handlungen und Entscheidungen bewusst gestalten, daran arbeiten, Tugenden zu entwickeln und moralisch gute Entscheidungen zu treffen. Indem man sich auf diese inneren Aspekte konzentriert, kann man ein Gefühl der Gelassenheit, Zufriedenheit und Eudaimonie erreichen, unabhängig von den äußeren Umständen.

„Es gibt mehr Dinge im Himmel und auf Erden, Horatio, als eure Philosophie sich erträumt.“

1. Akt, 5. Szene von William Shakespeares Hamlet

Die Erkenntnis, dass man nicht alles wissen, kontrollieren oder vorhersehen kann, ist so einfach wie wichtig. Man kann Dinge und Situationen so lange durchdenken, wie man will, die Realität wird einen häufig eines Besseren belehren. Niemand kann die Vergangenheit verändern oder die Zukunft sehen.

Man kann nur das Hier und Jetzt als gegeben annehmen, es akzeptieren und entsprechend handeln.

> *„Der Mensch handelt. Jedes Handeln ist auf die Zukunft bezogen. Es mag eine nahe oder ferne Zukunft sein."*
> Ludwig von Mises

Wir müssen die Vergangenheit und Gegenwart akzeptieren, aber nicht die Zukunft! Die Zukunft ist ungewiss, daher können wir handeln und die Zukunft nach unseren Vorstellungen formen. Wäre sie zu 100 % deterministisch, bräuchten wir nicht zu handeln. Nur in der Zukunft haben wir die Möglichkeit, Dinge nach unseren Vorstellungen zu formen. Die Vergangenheit können wir nur betrachten, verändern können wir sie nicht, wir können die Vergangenheit nur so akzeptieren, wie sie ist.

Springen wir gedanklich zurück auf den Bitcoin. Die Unveränderbarkeit gab es vor Bitcoin im Internet nicht. Alles, was dort geschrieben wurde, konnte auch gelöscht oder nachträglich verändert werden. Zeitangaben waren nicht manipulationssicher. Alles, was im Internet steht, wird in Datenbanken auf Festplatten festgehalten. Wer Zugriff auf die Festplatten hat, kann damit die Einträge der Vergangenheit verändern. Bitcoin hat zum ersten Mal eine fixe Zeitlinie in das Internet gebracht. Diese Zeitlinie (Timechain) wird in der Regel als Blockchain bezeichnet. Wir wissen somit sehr genau, was in der Vergangenheit geschehen ist. Über die Zukunft wissen wir nur, dass der nächste Block in ungefähr 10 Minuten gefunden wird.

Sich der Dichotomie der Kontrolle bewusst zu sein, bedeutet nicht, dass man sich von allen externen Faktoren und Einflüssen abschottet. Es bedeutet vielmehr, sich bewusst zu sein, dass man nicht alles kontrollieren kann, und sich stattdessen auf das zu konzentrieren, was man beeinflussen kann, um positive Veränderungen in seinem eigenen Leben und in seiner Umgebung zu bewirken.

Dieses Bewusstsein ist ein entscheidender Schritt in Richtung glückseliges Leben. Aus unserer Einstellung zum Leben resultiert unsere Wahrnehmung, daraus folgen unsere Gedanken, diese formen Worte, Worte führen zu Handlungen. Häufige Handlungen bilden Gewohnheiten, aus diesen entfaltet sich unser Charakter, unser Charakter formt unsere Zukunft und manifestiert damit Glück oder Unglück in der Zukunft.

Unsere Gedanken führen zu Handlungen oder Nichthandlungen. Das Hier und Jetzt können sie nicht mehr beeinflussen. Negative Gedanken aufgrund vergangener Ereignisse haben negative Auswirkungen auf unsere Zukunft. Diese Spirale müssen wir durchbrechen. Wir müssen die Vergangenheit akzeptieren und unsere Gedanken, unsere Kraft auf die Zukunft richten.

Wenn wir erkennen, welche Auswirkungen unsere Gedanken haben, dann müssen wir uns fragen, woher kommen unsere Gedanken? Sind sie wirklich frei? Werden sie von äußeren Einflüssen geformt? Was sind unsere Leitbilder? Wir kommen dazu später noch einmal zurück.

Sich diesem Prozess bewusst zu sein, ermöglicht ein erfülltes und sinnvolles Leben zu führen, unabhängig von äußeren Umständen. Wenn wir erkennen, dass wir selbst für unser Unglück verantwortlich sind, dann folgt daraus, dass wir uns auch selbst aus dem Unglück befreien können und ins Glück gehen können. Dieser Weg impliziert Selbsterkenntnis und Verantwortungsübernahme. Nur wer Verantwortung für sein Leben übernimmt, kann wahres Glück finden. Das ist ein Privileg des Menschen, keine Bürde.

Eudaimonie in 12 Worten

Eine der wichtigen Lektionen, die uns Bitcoin erteilt, ist die Wiedererlangung der Kontrolle und Verantwortung. Jeder Einzelne ist nun in der Lage, sein Vermögen, sein Geld mithilfe seines persönlichen privaten Schlüssels zu verwalten und zu sichern. Man ist nicht mehr auf die Unterstützung von Dritten wie Banken angewiesen, deren Verhalten außerhalb unseres Einflussbereichs liegt. Bitcoin gibt uns die Möglichkeit, die Kontrolle über unser eigenes Geld zurückzuerlangen und die Verantwortung für unsere finanzielle Zukunft zu übernehmen. Mit 12 (oder 24) Wörtern können wir unser Vermögen in Form von Bitcoin speichern und durch Zeit und Raum schicken. Es spielt dabei keine Rolle, ob es ein großes oder kleines Vermögen ist.

Die Technologie Bitcoin hat es geschafft, einen Zugang zu Geld zu schaffen, der für das Individuum super einfach ist und gleichzeitig für Angreifer unendlich schwierig. Mit 12 Wörtern ist jeder Mensch auf der Welt in der Lage, seine persönlichen Werte zu verwalten. Jeder! Niemand muss um Erlaubnis fragen. Es müssen keine Formulare ausgefüllt werden. Es gibt keine zeitliche Begrenzung. Dies gilt in jedem Land zu jeder Zeit. Jeder Mensch kann eigenständig agieren.

An dieser Stelle könnte ein „aber" stehen, denn mit dieser Macht über das eigene Geld kommt auch die Verantwortung für das eigene Geld. Wenn wir der alleinige Besitzer dieser 12 Wörter sind, sind wir auch der alleinige Verantwortungsträger.

Du hast mit 12 Wörtern die volle Kontrolle und Verantwortung über dein Geld.

Über diesen Mechanismus lehrt uns Bitcoin, was Kontrolle und Verantwortung heißt und dass diese immer zusammengehören.

Bitcoin bringt uns nicht nur die Kontrolle über das eigene Vermögen, sondern auch über das globale Finanzsystem. Wir sind es gewohnt, ein staatliches Geldsystem zu nutzen, sei es der Euro, der Dollar oder kleinere lokale Währungen. Sie alle werden von Staaten ausgegeben und verwaltet. In diesen Staaten gibt es Zentralbanken, die sich um das Wohlergehen der jeweiligen Währung kümmern. Ob das Wohlergehen der Währung im Einklang mit dem Wohlergehen der Bevölkerung steht, soll hier nicht diskutiert werden. Es darf jedoch angezweifelt werden.

Die bereits erwähnte Finanzkrise 2008 ist ein gutes Beispiel für das übliche Vorgehen in diesem „Fiat-Geldsystem". Es kommt zu einer Krise, ausgelöst von großen Banken, und die Krise führt dazu, dass genau diese Banken in Schieflage geraten. Nun werden diese Banken von politischer Seite als „systemrelevant" oder „too big to fail" bezeichnet und müssen gerettet werden. Die Rettung erfolgt dann in Form von frischem Geld, das den Banken zur Verfügung gestellt wird. Dieses frische Geld sorgt für steigende Inflation und damit für steigende Preise. Der Prozess ist in Wahrheit etwas komplexer, die Erklärung soll an dieser Stelle jedoch ausreichen.

Wenn sich der Staub der Krise dann wieder legt, stehen die meisten Bürger mit dem gleichen Einkommen und den gleichen Ersparnissen wie vorher da, aber die Preise für Waren und Dienstleistungen haben sich erhöht. (Inflation) Warum haben wir jetzt wieder diesen Ausflug in das Jahr 2008 gemacht? Wir sehen, dass es Ereignisse gibt, die außerhalb unseres Einflussbereichs liegen, und dass auch die Maßnahmen, die diese Ereignisse bekämpfen wollen, nicht in unserer Hand liegen. Wir können nur zuschauen und akzeptieren, was von den Zentralbanken entschieden wird. Bis Satoshi Nakamoto kam. Mit Bitcoin haben wir nun Einfluss und Kontrolle über das Geldsystem. Bitcoin basiert auf einem Protokoll, das offen und frei im Internet zugänglich ist. Jeder Mensch kann es lesen und auf seinem eigenen Computer ausführen. Im Bitcoin-Geldsystem gibt es keine Zentralbank, die zusätzliches Geld erschaffen und es kriselnden Banken geben kann. Um an der fixen Menge von 21 Millionen Bitcoin etwas zu ändern, müsste die Mehrheit der Bitcoin Nutzer dem zustimmen.

Mit einer Bitcoin-Node hast du die volle Kontrolle über das Protokoll

Wie Bitcoin auf die dritte Ecke unserer Eudaimonie „Aréte – das Streben nach Tugend und Exzellenz“ Einfluss nimmt, kommen wir etwas später noch ausführlicher zu sprechen. Wir werden sehen, dass wir als Gesellschaft wieder zu einem tugendhafteren Leben kommen können.

Die Hausordnung:

Wir haben uns bereits ein philosophisches Haus aus der Logik, der Physik und der Ethik erbaut. Nun wollen wir auch darin leben. Welche Regeln gelten bei einem Stoiker zu Hause?

Regel #1 – sei natürlich

Die Stoiker betrachten die Natur als Ausdruck einer göttlichen Ordnung, die das gesamte Universum durchdringt. Sie erkennen zwei Aspekte der Natur: die kosmische Natur, die die Gesetze und Prinzipien des Universums umfasst, und die menschliche Natur, die die spezifischen Eigenschaften und Fähigkeiten des Menschen umfasst. Die Natur wird als ein harmonisches System betrachtet, das nach einer festen Ordnung strebt. Durch die Akzeptanz dieser natürlichen Ordnung und das Leben im Einklang mit ihr können Gelassenheit,

Zufriedenheit und ein tugendhaftes Leben erreicht werden. Es geht darum, die eigene menschliche Natur zu verstehen und in Übereinstimmung mit der kosmischen Natur zu leben. Die Natur wird als Lehrmeisterin betrachtet, von der man lernen und sich mit ihr verbinden kann, um ein tieferes Verständnis der Welt zu erlangen und ein erfülltes Leben zu führen.

In Harmonie mit der Natur zu leben bedeutet nicht nur, Umweltverschmutzung zu vermeiden, sondern auch im sozialen und ökologischen Sinn bewusster zu handeln. Der ökonomische Austausch zwischen Menschen wird auch als „Markt" bezeichnet. Damit dieser nach den Prinzipien der Natur funktionieren kann, muss er frei von äußeren Einflüssen und Zwängen sein. Jeder Eingriff durch ein Machtmonopol stört das natürliche Gleichgewicht und führt zu Verwerfungen. Wer sich an die Regeln des freien Marktes (Angebot und Nachfrage) richtet, lebt automatisch im Einklang mit der Natur. Jeder Teilnehmer ist gezwungen, bedacht mit seinen Ressourcen umzugehen und kann nicht auf die Kosten anderer leben. Im heutigen Fiat-Finanzsystem werden Kosten nicht nur auf Dritte umverteilt, sie werden auch zeitlich verlagert, sodass Kinder auf den Schulden der Eltern sitzen.

Um ein Leben in Harmonie zu führen, müssen wir uns der Natur anpassen und dürfen nicht versuchen, die Natur an unsere Bedürfnisse anzupassen. Bitcoin macht genau das. Es ist ein offenes Protokoll, das jedem offen zur Verfügung steht, niemandem wird es aufgezwungen. In das Netzwerk fließen genau so viel Rechenleistung und ökonomischer Wert, wie es der Markt fordert. Bitcoin passt sich hier der Natur des Marktes an. Es gibt keine Instanz, die über die Größe oder den Wert des Netzwerks bestimmen kann.

„Was nicht gut für den Bienenstock ist, ist auch nicht gut für die Biene.“

Marc Aurel

Marc Aurel erinnert uns daran, dass wir alle auf dem gleichen Planeten leben, die gleiche Luft atmen und unsere Handlungen sowie Entscheidungen in einer gemeinsamen Realität verwoben sind. Ob wir miteinander oder gegeneinander arbeiten, alles fließt im unaufhaltsamen Strom der Zeit zu einem gemeinsamen Schicksal zusammen.

In der Natur gibt es keine Grenzen für Staaten oder Länder. Diese Konstrukte sind theoretische Schranken, die wir erschaffen haben, um das Leben in künstliche Schubladen zu sortieren. Aus der stoischen Perspektive ist es nur logisch zu erkennen, dass Menschen auf der ganzen Welt miteinander interagieren, kooperieren, handeln und gemeinsam leben. Eine naheliegende Schlussfolgerung ist daher die Nutzung eines globalen, frei verfügbaren Geldes.

Bitcoin kann dazu beitragen, die Harmonie des Lebens voranzutreiben. Bitcoin kennt keine Landesgrenzen, erfordert keinen Reisepass und ist unbeeinflusst von Wechselkursen und Zentralbanken. Er existiert als eine universelle Form von Wert, die Menschen überall auf der Welt nutzen können.

Die stoische Philosophie lehrt uns, die natürliche Ordnung der Dinge zu erkennen und die Verbindung zwischen allen Menschen und der Welt um uns herum zu schätzen. Bitcoin als ein globales Geld spiegelt diese Vorstellung wider und eröffnet die Möglichkeit, die Weltwirtschaft und die Art und Weise, wie wir Werte übertragen, auf eine kooperativere und effizientere Weise zu gestalten. Etwas abstrahiert ist Bitcoin kein Geld mehr, sondern eine natürliche Ressource wie die Sonnenstrahlen. Der Betrieb des Netzwerks benötigt Energie, der Code macht diese Energie für Maschinen lesbar. Maschinen (Computer und Smartphones) können diese Energie nun für uns Menschen transportieren. So müssen wir auch Bitcoin als Natur der Dinge oder ein Ding der Natur betrachten. Unsere zukünftigen Handlungen und Bestrebungen müssen sich Bitcoin anpassen. Wir werden Bitcoin nicht mehr unseren kurzfristigen Bedürfnissen anpassen können, sondern lediglich den langfristigen, die der Mehrheit nützen. Bitcoin geht Block für Block vorwärts. Alle 10 Minuten wird im Schnitt ein neuer Block gefunden. Das ist so sicher wie der Sonnenaufgang.

So sind wir alle ein Teil des Bienenstocks, und wenn wir für Bitcoin arbeiten, arbeitet Bitcoin für uns. So arbeitet irgendwann die ganze Welt für uns. Sie weiß es nur noch nicht.

Jedem Menschen steht es frei, am Bitcoin-Netzwerk teilzuhaben. Der Grad der Teilhabe hängt vom Grad der Teilnahme ab. Niemand wird gezwungen, niemand wird auf Händen getragen. Jeder Mensch handelt in eigener Verantwortung.

Regel #2 – sei vernünftig

Die Vernunft ist das Instrument, um Wahrheit, Weisheit und Klarheit zu erlangen. Sie hilft dabei, die eigenen Gedanken, Urteile und Handlungen zu kontrollieren und sie in Einklang mit den stoischen Werten und Prinzipien zu bringen. Durch die Ausübung der Vernunft kann der Mensch seine Leidenschaften und Begierden beherrschen, logische Entscheidungen treffen und eine tiefere Einsicht in die Welt gewinnen. Die Vernunft ist entscheidend, um ein tugendhaftes Leben zu führen und ein Gefühl der inneren Ruhe und Harmonie zu erreichen. Es geht darum, die eigene Vernunft zu schärfen, um klug und moralisch zu handeln und das eigene Potenzial voll auszuschöpfen. Die Vernunft wird als ein lebenslanges Streben betrachtet, das es ermöglicht, das eigene Denken und Handeln kontinuierlich zu verbessern und die stoische Lebensweise zu verwirklichen.

Regel #3 – sei stark

> *„Fast alle Menschen können Widrigkeiten ertragen, aber wenn du den Charakter eines Menschen prüfen willst, gib ihm Macht."*
>
> Seneca

„Charakterstärke" bezeichnet die Gesamtheit der persönlichen Eigenschaften und moralischen Merkmale einer Person. Der Charakter ist das Fundament für ein tugendhaftes und sinnvolles Leben. Der Charakter wird durch die Entwicklung und Ausübung von Tugenden geformt. Er ist nicht angeboren, sondern kann trainiert und geformt werden wie ein Muskel. Es geht darum, moralische Integrität, Weisheit, Tapferkeit, Gerechtigkeit, Besonnenheit und andere Tugenden zu kultivieren. Der Charakter bildet das Gerüst unserer Handlungen und Entscheidungen und spiegelt unsere inneren Werte wider. Die Stoiker ermutigen uns, unseren Charakter kontinuierlich zu verbessern und an unseren Schwächen zu arbeiten. Es geht darum, unser Potenzial zu entfalten und die beste Version unserer selbst zu sein. Der Charakter prägt nicht nur unsere individuelle Entwicklung, sondern auch unsere Beziehungen zu anderen Menschen und unsere Interaktion mit der Welt. Ein tugendhafter Charakter ermöglicht es uns, mit Integrität und Respekt zu handeln und einen positiven Einfluss auf unser Umfeld auszuüben. Indem wir an unserem Charakter arbeiten und Tugenden in unser tägliches Leben integrieren, können wir ein erfülltes und sinnvolles Leben führen, das im Einklang mit den stoischen Prinzipien steht.

„*Kleider machen Leute*", der Titel einer Novelle von Gottfried Keller aus dem Jahr 1874, wurde zu einem Sprichwort, das uns aufzeigt, wie schnell man sich von Äußerlichkeiten täuschen lässt. Der Mensch wird aber nicht durch seine Kleider definiert, sondern durch seinen Charakter, und so gilt: **Kleider machen Leute, aber der Charakter macht Menschen.**

Regel #4 – bleib ruhig

Wir sehen den Begriff „Apathie" oder „apathisch" in der Regel als etwas Negatives und setzen ihn mit „Gleichgültigkeit oder Desinteresse" gleich. Als Stoiker sehen wir es als eine anstrebenswerte Fähigkeit und interpretieren es als emotionale Gelassenheit. Es geht darum, innere Ruhe zu bewahren, unabhängig von den äußeren Umständen. Apathie ist eine Form der geistigen Freiheit, bei der man seine emotionalen Reaktionen bewusst kontrolliert und nicht von ihnen beherrscht wird. Es geht darum, einen Zustand der inneren Unerschütterlichkeit zu erreichen, in dem man sich von äußeren Ereignissen nicht aus der Bahn werfen lässt. Apathie bedeutet, die eigenen Leidenschaften und Begierden zu beherrschen und stattdessen eine rationale und gelassene Haltung einzunehmen. Es ermöglicht einem, die eigenen Vorstellungen und Erwartungen loszulassen und die Realität so anzunehmen, wie sie ist. Durch die Entwicklung von Apathie kann man sich von Ängsten, Sorgen und unkontrollierten Emotionen befreien und ein inneres Gleichgewicht und eine tiefere Zufriedenheit erreichen. Es geht darum, die eigenen Reaktionen bewusst zu wählen und eine Haltung der inneren Stärke und Ausgeglichenheit zu entwickeln, die es einem ermöglicht, mit den Herausforderungen des Lebens auf eine ruhige und gelassene Weise umzugehen. Apathie bedeutet nicht, dass man emotionslos oder gleichgültig wird, sondern vielmehr, dass man seine emotionalen Reaktionen bewusst lenkt und in Übereinstimmung mit den stoischen Prinzipien ausrichtet.

Regel #5 – sei glücklich

Im Gegensatz zu hedonistischen[11] Ansätzen, bei denen Vergnügen als das höchste Gut angesehen wird, betrachten die Stoiker Vergnügen als etwas, das nicht im Mittelpunkt eines erfüllten Lebens steht. Glück und eine sinnvolle Existenz können nicht allein durch das Streben nach Vergnügen erreicht werden. Das Vergnügen ist Teil des menschlichen Lebens, und es ist etwas Natürliches, wenn man positive Erfahrungen genießen möchte. Allerdings kann die Abhängigkeit von Vergnügen und die Jagd nach kurzfristigen Genüssen uns von einem tugendhaften und erfüllten Leben ablenken. Glückseligkeit und innere Zufriedenheit werden vielmehr durch die Ausübung von Tugend und die Entwicklung von Weisheit erreicht. Die Stoiker ermutigen dazu, Vergnügen nicht als Hauptziel anzustreben, sondern als eine willkommene Begleiterscheinung eines tugendhaften Lebens zu betrachten. Es geht darum, eine ausgewogene Haltung gegenüber Vergnügen zu finden und es nicht als das ultimative Ziel anzusehen, sondern als eine Bereicherung des Lebens auf dem Weg zur Eudaimonie.

„Das Vergnügen, welches den Sinnen entspringt, ist kurzlebig und flüchtig; aber das Vergnügen der Seele währt lange und ist unvergänglich."
Seneca

11 „hedonistisch" vom griechischen Wort „hedone" bedeutet so viel wie „Vergnügen" oder „Genuss". Hedonismus ist eine Lebensphilosophie, die die Maximierung des persönlichen Vergnügens anstrebt.

Die Jagd nach kurzfristigen Genüssen oder das geduldige Abwarten auf echte Freuden hat viel mit der persönlichen Zeitpräferenz zu tun. Eine hohe Zeitpräferenz sorgt dafür, dass wir Dinge sofort haben oder erleben wollen. Wir sind jedoch mit dem Erlebten oder Erworbenen nie zufrieden. Später werden wir noch einmal darauf eingehen, wie Bitcoin unsere Zeitpräferenz nach unten schraubt.

Regel #6 – sei offen

Die Stoiker erkennen an, dass es in der Welt Leiden, Ungerechtigkeit und negative Ereignisse gibt. Das wahre Übel liegt jedoch nicht in diesen äußeren Umständen, sondern in unserer Haltung und Reaktion darauf. Die Stoiker glauben, dass das menschliche Leiden oft durch falsche Werturteile, irrationale Ängste und unkontrollierte Begierden entsteht. Sie fordern dazu auf, unsere Einstellung zu ändern und eine Haltung der Akzeptanz, Gelassenheit und inneren Stärke zu entwickeln, um mit dem Bösen sowie mit negativen Ereignissen umzugehen. Die Stoiker zeigen, dass wir die Kontrolle über unsere eigenen Reaktionen haben und dass wahres Glück darin liegt, unsere Emotionen und Gedanken bewusst zu lenken. Durch die Ausübung von Tugend und die Anwendung von Weisheit können wir innere Ruhe finden und uns von negativen Einflüssen nicht überwältigen lassen. Die Stoiker ermutigen uns, das Böse als Teil der natürlichen Ordnung anzuerkennen und es als eine Möglichkeit zu sehen, unsere Charakterstärke und unsere Fähigkeit zur Bewältigung von Herausforderungen zu entwickeln. Es geht darum, das Negative nicht zu fürchten oder zu vermeiden, sondern als eine Gelegenheit zur persönlichen Entwicklung und zum Wachstum zu betrachten.

Regel #7 – sei pflichtbewusst

„“Wir sind nicht auf diese Welt gekommen, um uns selbst zu gefallen und uns das Leben so angenehm wie möglich zu machen, sondern um unsere Pflichten zu erfüllen.“
Seneca

Seneca spricht über die Verantwortung jedes Einzelnen, seine Pflichten gegenüber sich selbst, anderen Menschen und der Gesellschaft zu erfüllen. Pflicht beinhaltet die Anerkennung und Erfüllung moralischer Verpflichtungen und das Streben nach Tugendhaftigkeit in allen Aspekten des Lebens. Es geht darum, das Richtige zu tun, unabhängig von den äußeren Umständen oder persönlichen Vorlieben. Das Handeln im Einklang mit der Pflicht ist ein Weg, um ein tugendhaftes und erfülltes Leben zu führen. Es beinhaltet die Übernahme von Verantwortung für die eigenen Handlungen und Entscheidungen und die Konsequenzen, die daraus resultieren. Die Erfüllung der Pflichten ermöglicht es einem, moralisch integer zu handeln und das eigene Potenzial zu verwirklichen. Es geht darum, sich bewusst zu machen, dass die Pflichterfüllung nicht immer einfach ist, aber dass sie uns in eine Richtung führt, die unserem moralischen Kompass folgt und dazu beiträgt, eine positive Wirkung auf die Welt zu haben. Durch die Erfüllung unserer Pflichten können wir ein Gefühl der Zufriedenheit, des Stolzes und des inneren Friedens erlangen, während wir gleichzeitig einen Beitrag zur Gesellschaft leisten und unsere Verbindung zu anderen Menschen stärken.

Regel #8 – sei tugendhaft

Die Tugend besteht darin, die moralischen Prinzipien zu leben und nach Exzellenz in den eigenen Handlungen zu streben. Tugendhaft zu sein bedeutet, in Übereinstimmung mit der natürlichen Ordnung und den kosmischen Prinzipien zu leben. Es geht darum, Tugenden wie Weisheit, Tapferkeit, Gerechtigkeit, Besonnenheit und Selbstbeherrschung zu entwickeln und in allen Aspekten des Lebens anzuwenden. Tugend ist das höchste Gut; wahres Glück und Erfüllung liegen in der Ausübung der Tugend, unabhängig von äußeren Umständen oder Belohnungen. Tugendhaft zu sein bedeutet, die eigenen Leidenschaften und Begierden zu kontrollieren, moralisch richtige Entscheidungen zu treffen und Mitgefühl und Gerechtigkeit gegenüber anderen zu zeigen. Die Stoiker sehen die Tugend als eine lebenslange Aufgabe an, die es zu kultivieren und zu pflegen gilt, um ein glückliches Leben zu führen und ein Vorbild für andere zu sein.

Weil Weisheit, Gerechtigkeit, Tapferkeit und Mäßigung zentrale Bestandteile der stoischen Philosophie sind, wollen wir diesen Tugenden einen Großteil dieses Buches widmen und sie näher beleuchten.

Aber Achtung: Wo Licht ist, ist auch Schatten. Daher müssen wir auch die Untugenden kennen. Lust, Dummheit, Maßlosigkeit, Feigheit oder Ungerechtigkeit werden uns auf unserem Weg immer wieder begegnen. Auch wenn wir diese ablehnen, dürfen wir sie nicht ignorieren.

„Wenn du den Feind und dich selbst kennst, brauchst du den Ausgang von hundert Schlachten nicht zu fürchten. Wenn du dich selbst kennst, aber nicht den Feind, wirst du für jeden Sieg eine Niederlage erleiden. Wenn du weder den Feind noch dich selbst kennst, wirst du in jeder Schlacht unterliegen.“

Sun Tzu

Sun Tzu lehrt uns, dass es wichtig ist, auch die Schwächen und Verfehlungen der Menschen zu kennen, um uns vor ihnen zu schützen. Wenn Bitcoin uns in eine tugendhaftere Welt führen kann, dann deshalb, weil das Fiat-System uns in eine Welt der Schwächen und moralischen Verfehlungen gelenkt hat. Doch unser Fokus sollte darauf liegen, was wir erreichen wollen, während wir uns stets der Schattenseite bewusst bleiben.

Die Kunst des tugendhaften Lebens

Warum ist ein tugendhaftes Leben eine so große Aufgabe? Ist es nicht das moralisch Richtige? Warum leben wir nicht alle danach? Warum mussten schon die Griechen und Römer darüber Vorträge halten und Bücher schreiben?

Wie so vieles in der menschlichen Natur haben unsere Fähigkeiten, besonders die Fähigkeiten unseres Gehirns, immer Vor- und Nachteile. Unser Gehirn ist ständig auf der Suche nach neuen Impulsen. Es kann dabei mit Stillstand oder einem Zustand ohne neue Reize schlecht umgehen. Das kann man leicht beobachten, wenn man sich in ein beliebiges Wartezimmer setzt oder an einen Bahnhof stellt. (Deutschland ist dafür ideal. Die Wartezimmer sind voll und die Züge haben häufig Verspätung.) Die Menschen verbringen die Zeit nicht mit einfachem Warten. Sie suchen Ablenkung in einem Buch oder im Smartphone. Dabei kann man unterstellen, dass die Zeit im Smartphone nicht unbedingt der Wissensvermittlung dient.

Dass man sogar bereit ist, für diesen Drang auch Schmerzen hinzunehmen, haben Forscher der Universität von Virginia im Jahr 2014 anhand einer Studie gezeigt.[12] Die Studienteilnehmer wurden für 15 Minuten in einen leeren Raum gesetzt und hatten zwei Möglichkeiten. Entweder sie mussten sich mit ihren eigenen Gedanken auseinandersetzen oder sie konnten sich

12 Die Studie wurde unter dem Titel: „Just Think: The Challenges of the Disengaged Mind" im Science Magazin veröffentlicht

selbst Elektroschocks verpassen. 67 % der Männer und 25 % der Frauen wählten die Elektroschocks.

Unser Gehirn ist ein wissenshungriges Organ. Neue Reize sind seine Nahrung. Dabei ist es dem Gehirn aber egal, ob diese Reize aus dem Lernen einer neuen Fremdsprache kommen oder aus dem Elektroschocker. Unsere täglichen Reize kommen nicht aus dem Elektroschocker, sondern aus dem Fernseher und den sozialen Medien. Die neuen Reize aus dem Twitter-Feed und dem YouTube-Abo sind sehr leicht zu erreichen und der Vorrat ist unerschöpflich.

Warum macht unser Gehirn das? Es ist primär nicht auf der Suche nach Ablenkung und Zerstreuung, sondern nach neuem Wissen. Es will sich weiterentwickeln und sucht nach neuer Erkenntnis. Als Belohnung für neue Erkenntnisse, neue Reize also, schüttet es Hormone und Endorphine aus. Wir fühlen uns zufriedener und glücklicher. Aber nur so lange, bis das Gehirn nach dem nächsten Anreiz ruft. Wir werden von unserem eigenen Gehirn in eine Suchtfalle getrieben, die aus kurzweiligen Impulsen besteht. Die Folge dessen ist eine hohe Zeitpräferenz. Der Begriff Zeitpräferenz ist sehr wichtig in unserem Kontext. Die hohe Zeitpräferenz sorgt dafür, dass wir den nächsten Stimulus möglichst schnell haben wollen. Das kann aber auch schnell dazu führen, dass wir egoistisch handeln. Egoistisch gegenüber unseren Mitmenschen und gegenüber unserem zukünftigen Ich.

Diese Probleme sind auch nichts Neues. Seneca sah diese Laster nicht im Konsum von Twitter und Facebook, sehr wohl aber im Klatsch und Tratsch auf dem Marktplatz oder in der Taverne.

Zeichnen wir einmal das Bild einer Gesellschaft mit hoher Zeitpräferenz:

In dieser Gesellschaft stehen Genuss, Vergnügen und kurzfristige Befriedigung im Mittelpunkt des Lebens, oft auf Kosten moralischer Werte und langfristiger Ziele. Die Menschen sind ständig auf der Suche nach sofortiger Erfüllung ihrer Wünsche, ohne Rücksicht auf die Konsequenzen oder die Bedürfnisse anderer. Dieses Streben nach unmittelbarem Genuss zeigt sich in verschiedenen Bereichen des gesellschaftlichen Lebens. Der übermäßige Konsum und das Streben nach Statussymbolen sind weit verbreitet. Der materielle Besitz und teure Erlebnisse werden als Maßstab für den persönlichen Wert betrachtet. Der Hedonismus, das Streben nach sinnlichen Freuden, dominiert den Alltag, sei es durch übermäßigen Genuss von Essen, Trinken, Drogen oder sexuellen Vergnügungen. Lust wird zur obersten Priorität, während Selbstdisziplin und Verantwortungsbewusstsein zunehmend in den Hintergrund rücken. Soziale Normen und ethische Grundsätze wie Treue, Solidarität und Empathie verlieren an Bedeutung. Beziehungen werden mehr auf kurzfristigen Nutzen oder oberflächliche Befriedigung als auf tiefere emotionale oder moralische Bindungen aufgebaut. Verantwortung gegenüber der Familie, der Gemeinschaft oder der Umwelt wird vernachlässigt. Der Fokus auf Lust und Befriedigung führt dazu, dass Regeln, Verpflichtungen und der langfristige Erhalt von Ressourcen als weniger wichtig erscheinen. Anstatt langfristig zu planen oder für die Zukunft zu investieren, dominiert eine „Leben im Moment“-Mentalität. In dieser Gesellschaft wird das Streben nach sofortigen Belohnungen so stark, dass Tugenden wie Geduld, Selbstbeherrschung und Verantwortungsbewusstsein als unmodern oder unattraktiv gelten.

Dem wollen wir eine Gesellschaft mit niedriger Zeitpräferenz gegenüberstellen:

In einer Gesellschaft mit niedriger Zeitpräferenz liegt der Schwerpunkt auf langfristigem Denken, nachhaltigem Handeln und der Verantwortung gegenüber zukünftigen Generationen. Hier stehen Geduld, Selbstdisziplin und langfristige Planung im Mittelpunkt des Lebens, während sofortige Befriedigung und kurzfristige Vorteile in den Hintergrund treten. Die Menschen legen großen Wert auf langfristige Ziele. Bildung, Karriere und persönliche Entwicklung werden als kontinuierliche Prozesse betrachtet, die sorgfältige Planung und Engagement erfordern. Anstatt sich von sofortigen Belohnungen ablenken zu lassen, investieren die Menschen Zeit und Ressourcen in ihre Zukunft, sei es durch Aus- und Weiterbildung oder langfristige finanzielle Planung. Verantwortung gegenüber der Familie, der Gemeinschaft und der Umwelt wird hochgeschätzt. Soziale Normen wie Treue, Solidarität und Empathie sind zentrale Werte, die das zwischenmenschliche Verhalten prägen. Beziehungen basieren auf tiefer emotionaler Bindung und langfristigem Engagement, und die Menschen sind bereit, Kompromisse einzugehen und auf kurzfristige Vorteile zu verzichten, um stabile und vertrauensvolle Verbindungen aufzubauen. Der Fokus liegt auf nachhaltiger Entwicklung und dem Erhalt von Ressourcen. Umweltbewusstsein, ethische Konsumgewohnheiten und soziale Verantwortung sind wesentliche Bestandteile des Alltags. Die Menschen sind sich der langfristigen Auswirkungen ihrer Entscheidungen bewusst und streben danach, sowohl persönliche als auch gesellschaftliche Herausforderungen auf eine Weise zu bewältigen, die zukünftigen Generationen zugutekommt. Die Gesellschaft fördert eine Kultur der Disziplin und Geduld, in der die Menschen bestrebt sind, sowohl individuelle als auch gemeinschaftliche Ziele auf eine Weise zu erreichen, die über den Moment hinausreicht und die Grundlage für eine stabile und nachhaltige Zukunft legt.

In welcher Welt wollen wir leben?

„Voran gehe die Tugend, sie sei die Bannerträgerin; an Lust wird es uns trotzdem nicht fehlen, doch werden wir sie zu beherrschen und zu mäßigen wissen; durch Bitten wird man uns etwas abgewinnen können, durch Zwang niemals."

Seneca

Tugend par ordre de mufti

„Tugend ist, wenn man das Gute liebt und nicht, wenn man das Böse fürchtet."

Immanuel Kant

Tugend ist nichts, das man am Wochenende oder in seiner Freizeit als Hobby ausführt, sondern etwas Permanentes und Allumfassendes. Tugendhaftes Handeln sollte alle unsere Lebensbereiche beeinflussen. Da die Tugend aus uns selbst herauskommt, sind wir zu jeder Zeit an jedem Ort in der Lage, nach ihr zu streben. Wenn das tugendhafte Leben so einfach zu erreichen ist, warum leben nicht alle Menschen danach? Warum mussten schon die alten Stoiker Vorträge über tugendhaftes Leben halten? Weil wir nicht in einem luftleeren Raum leben. Wir sind Teil einer Gesellschaft, eines politischen und eines wirtschaftlichen Systems. Welche Auswirkungen können diese äußeren Einflüsse haben?

Da es für politische und wirtschaftliche Systeme verschiedene Begriffe gibt, diese sich über die Jahrhunderte verändert haben und in verschiedenen Ländern unterschiedlich verwendet werden, sollten wir uns an zwei Begriffe halten.

Zum einen den *Liberalismus,* in dem staatliche Eingriffe möglichst gering gehalten werden, Produktionsmittel im Privateigentum sind und das Individuum Verantwortung für sich selbst übernimmt.

Und demgegenüber stellen wir den *Etatismus.* Hier übernimmt der Staat wesentliche Teile der Wirtschaft mit dem Ziel der sozialen Gerechtigkeit. Ressourcen werden im Sinne des Staates umverteilt, um das angestrebte Ziel zu erreichen. Das Individuum gibt die Verantwortung für sein wirtschaftliches Handeln im Wesentlichen an den Staat ab.

Bezeichnungen und Ausprägungen dieser Systeme sind beliebig und können ineinander verschwimmen. So waren die Begriffe „Etatismus“ und „Liberalismus“ zu Zeiten der alten Stoiker noch nicht definiert, aber wir können mutmaßen, wie die Stoiker diese Konzepte bewertet hätten. Die Eigenverantwortung ist immer wieder ein großes Thema der Stoiker auf dem Weg zur inneren Zufriedenheit. Da das wirtschaftliche Handeln im Etatismus hauptsächlich vom Staat übernommen wird, wird dem Individuum ein wesentlicher Teil der Eigenverantwortung entzogen. Im Liberalismus liegt die Verantwortung für eigenes Handeln, die Verwirklichung von Ideen und der Tatendrang bei einem selbst. Hier besteht die Möglichkeit, unabhängig und frei zu agieren, ohne Einschränkungen und staatliche Vorgaben. Im Etatismus hingegen ist man in hohem Maße von anderen Menschen wie „Planern und Lenkern“ oder „der Partei“ abhängig. Die Willkür anderer kann es schwierig machen, das stoische Lebensglück zu erfahren.

Das Individuum kann nur wahrhaft tugendhaft handeln, wenn es dies aus freiem Willen tut. Tugendhaftes Verhalten, das aus Angst vor Strafe oder dem Streben nach sozialer Anerkennung erfolgt, kann niemals die wahre Essenz der Tugend erfassen. Nehmen wir das Aufkommen von Sozialkreditsystemen als ein etatistisches Beispiel. Die Bürger bekommen Pluspunkte, wenn sie sich gut verhalten, und Minuspunkte, wenn sie sich schlecht verhalten. Bei einem zu geringen Punktekonto darf man beispielsweise nicht mehr mit der Bahn fahren. Der Staat bestimmt hier, *was gut* und was *schlecht* ist. Ein stoisches Leben, das von innerer Haltung und moralischer Integrität geprägt ist, wäre in einem etatistischen System mit Sozialkreditscore nicht möglich. Auch nicht, wenn die stoischen Ideale das offizielle Ziel dieses Staates wären. Denn wahre Tugendhaftigkeit entspringt der inneren Überzeugung und der bewussten Entscheidung, das Richtige zu tun, unabhängig von äußeren Belohnungen oder Sanktionen. In einem System, das das Verhalten anhand vordefinierter Bewertungen lenkt, würde dem Individuum die Möglichkeit zur wahrhaften Tugend entzogen werden. Die Motivation für tugendhaftes Verhalten würde nicht aus dem inneren Selbst entspringen, sondern wäre durch externe Faktoren beeinflusst. Ein stoisches Leben verlangt nach Autonomie und Eigenverantwortung. Ein Sozialkreditsystem kann dies nicht schaffen. Entweder man handelt aus Angst vor einer Abstufung oder aus Verlangen nach einem Aufstieg. Die Handlung erfolgt aber immer extrinsisch motiviert. Damit kann man nicht mehr von tugendhaftem Verhalten sprechen. Tugendhaftes Verhalten verlangt keine Gegenleistung. Ein Sozialkreditsystem beendet Tugend und Moral.

Garantiert der Liberalismus uns dann eine Gesellschaft, die immer tugendhaft handelt? Nein. Aber er schafft den Rahmen, in dem tugendhaftes Handeln möglich ist. Im Liberalismus sind wir für unser Handeln selbst verantwortlich und müssen auch die Konsequenzen daraus selbst tragen. Konsequenzen können wirtschaftlicher Erfolg oder gesellschaftliches Ansehen sein. Für beides gibt es keine Garantie oder einen Fahrplan. Man könnte tugendhaft auch als „gesellschaftsdienlich" bezeichnen. Erstellt man Produkte oder bietet Dienstleistungen an, die der Gesellschaft nutzen, so entsteht wahrscheinlich ein wirtschaftlicher Erfolg oder man genießt soziale Anerkennung, weil man etwas Gemeinnütziges tut. Nun kommt die Rückmeldung nicht vom Staat, sondern von den Mitmenschen, vom Markt.

Das heutige System der „freien Marktwirtschaft" ist ein etatistisches System, das sich mit den Federn des Liberalismus schmücken will. Solange das Geld, das Schmiermittel der Wirtschaft, von zentraler Stelle verwaltet wird, kann man nicht von einem freien Markt sprechen. In einem freien Markt trägt der wirtschaftliche Akteur auch die Verantwortung für sein Handeln. Im heutigen Fiat-Finanzsystem werden nicht nur Kosten auf Dritte umverteilt, sondern auch zeitlich verschoben. Dies hat zur Folge, dass nachfolgende Generationen die Schulden ihrer Vorfahren tragen müssen. Diese Abkehr von der wahren Verantwortung für unsere Handlungen und deren Konsequenzen widerspricht der stoischen Philosophie, die uns dazu anhält, selbstverantwortlich und im Einklang mit der Natur zu leben.

„Geschähe alles, was ein Mann in reiferen Jahren an Gutem oder Bösem tut, um der Belohnung willen, aus Gewohnheit oder aus Zwang, was wäre die Tugend anderes als ein bloßer Name, welch ein Ruhmestitel wäre es dann, das Rechte tun, und welchen Dank verdiente dann der Nüchterne, der Gerechte oder der Kühne?"

Seneca

Seneca gibt uns hier einen wichtigen Hinweis. Die Tugend hat nur dann wahren Wert, wenn sie von uns freiwillig und ohne Erwartung von Belohnungen ausgeübt wird. Tugendhaftes Verhalten, das aus Zwang oder aus dem Streben nach persönlichem Gewinn erfolgt, wird uns nicht auf den Weg zur Eudaimonie führen. Die Tugenden sollten vielmehr wie ein untrennbarer Teil unseres Lebens sein, wie das Atmen. Sie sollten nicht bloß gute Vorsätze sein, die wir uns zu Beginn eines neuen Jahres vornehmen und schon nach wenigen Wochen vergessen. Ein tugendhaftes Leben beginnt unmittelbar und dauert ewig.

Der reine Liberalismus bietet die Chance, sich bewusst für eine selbstverantwortliche Lebensweise zu entscheiden und die langfristigen Folgen unserer Handlungen zu bedenken. Indem wir uns am freien Markt orientieren, lernen wir, mit unseren Ressourcen sorgsam umzugehen und unser Handeln im Einklang mit den natürlichen Gegebenheiten zu gestalten. Dieser Ansatz schließt auch die soziale Verantwortung mit ein, da wir uns bewusst darüber werden, dass unsere Entscheidungen und Taten Auswirkungen auf andere haben.

In diesem Sinne lädt uns der stoische Gedanke dazu ein, eine neue Perspektive auf unser Wirtschaftssystem zu werfen und den Blick auf das langfristige Wohlergehen aller zu richten.

Durch eine bewusste Ausrichtung am freien Markt und eine Berücksichtigung der stoischen Prinzipien können wir uns dem Ziel nähern, in Harmonie mit der Natur und der Gesellschaft zu leben.

Bitcoin als staatsunabhängiges Geld ermöglicht einen freien Handel und schafft einen offenen Markt, an dem jeder Mensch teilnehmen kann. Durch seine dezentrale Natur und die Unabhängigkeit von staatlicher Kontrolle eröffnet Bitcoin neue Möglichkeiten für wirtschaftliche Transaktionen und stärkt die individuelle Freiheit. Liberalismus und Bitcoin sind Instrumente, die zwar keine Garantie für tugendhaftes Verhalten und absolute Gerechtigkeit bieten, aber dennoch eine Struktur schaffen, in der individuelle Verantwortung und Handlungsfreiheit gefördert werden. Durch diese Freiheit können Menschen ihr Handeln bewusster gestalten und sich aktiv an einem System beteiligen, das zugleich Chancen und Herausforderungen mit sich bringt.

Die vier Kardinaltugenden

Wir haben nun gute Gründe, unseren Fokus auf die Tugend zu legen. Nicht ohne Grund haben die Stoiker großen Wert auf die Entwicklung der Tugend gelegt. Man spricht hier auch von den vier Kardinaltugenden. Im Fokus stehen Weisheit, Gerechtigkeit, Mäßigung und Tapferkeit. Sie dienen als Leitprinzipien, die uns dabei unterstützen, ein Leben in Übereinstimmung mit der Natur und den kosmischen Prinzipien zu führen. Indem wir diese Kardinaltugenden kultivieren und in unserem täglichen Leben anwenden, können wir ein tugendhaftes und erfülltes Leben führen, das im Einklang mit den stoischen Prinzipien steht. Diese Tugenden dienen als Wegweiser auf unserem Streben nach persönlichem Wachstum, moralischer Integrität und innerer Harmonie.

Weisheit

Für die Stoiker ist Weisheit nicht nur das Wissen oder die intellektuelle Erkenntnis, sondern vielmehr das tiefgreifende Verständnis der Natur, der menschlichen Existenz und der universellen Prinzipien. Weisheit geht über theoretisches Wissen hinaus und beinhaltet die praktische Anwendung des Wissens im täglichen Leben. Sie ermöglicht es uns, die Welt um uns herum zu verstehen und in Einklang mit der kosmischen Ordnung zu leben. Durch die Weisheit erkennen wir die Dinge, die wir kontrollieren können, von denen wir unabhängig sind und welche Dinge uns letztendlich glücklich machen. Weisheit befähigt uns dazu, die richtigen Entscheidungen zu treffen, die eigenen Leidenschaften zu beherrschen und moralisch verantwortungsbewusst zu handeln. Sie ermöglicht es uns, das größere Bild zu sehen und eine tiefere Einsicht in die Natur und unsere Rolle in ihr zu gewinnen. Weisheit ist ein kontinuierlicher Prozess des Lernens und der Entwicklung, der es uns ermöglicht, unsere eigenen Denkmuster und Überzeugungen zu hinterfragen und unser Wissen und Verständnis zu erweitern. Durch das Streben nach Weisheit können wir uns auf eine Reise der persönlichen Entwicklung begeben und ein erfülltes und sinnvolles Leben im Einklang mit der Natur führen.

Zwischen Rauschen und Signal

„Eindruck, warte ein wenig auf mich, lass mich sehen, was du bist und was du darstellst." Lass mich dich auf die Probe stellen!"

Epiktet

Wir leben in einer Welt, in der wir 24/7 Zugang zu neuen Informationen haben. Wir werden gerade zu bombardiert mit Informationen. Dabei hat sich in der Gesellschaft ein Zustand etabliert, in dem man das Gefühl hat, immer auf dem neuesten Stand sein zu müssen, damit man dann mit Freunden und Kollegen darüber sprechen kann, was eh schon alle wissen. Die Quantität der Informationen steht dabei im Vordergrund. Auf Nachrichtenseiten werden nur noch die Artikelüberschriften gelesen, der Inhalt selbst nur selten, und noch seltener macht man sich eigene Gedanken zu einem Thema. Die hohe Frequenz der Informationsflut gibt uns kaum noch Zeit, die wichtigen von den unwichtigen Dingen zu unterscheiden.

Betrachten wir die Informationen als ein Radiosignal. Wir wollen über wichtige und interessante Dinge erfahren und müssen daher das Radio einschalten. Aber leider gibt es ein sehr starkes Grundrauschen, das es uns erschwert, das gewünschte Signal zu empfangen. Dazu kommen noch vereinzelte Störsignale, die das gewünschte Signal zeitweise komplett überlagern.

Ein permanentes Grundrauschen und überraschende Ereignisse sind beides Störgrößen, die unsere Entscheidungsfindung stören. Überraschende Ereignisse können banal sein. Wir werden von jemandem auf der Straße beleidigt oder bekommen die Vorfahrt genommen. Sie können aber auch größer sein, wie eine Naturkatastrophe oder eine Wirtschaftskrise.

Zum Grundrauschen gehört der permanente Medienkonsum: Fernsehen, Radio, soziale Medien. Dieser „Lärm" hält unser Gehirn in permanenter Beschäftigung und unterdrückt tieferes Nachdenken. Wenn wir die Einflüsse von außen zu groß werden lassen, das Rauschen schon zur Normalität geworden ist, dann wird das Nachdenken zur Seltenheit und das intuitive Handeln zum Standard.

Spätestens die Arbeit von Daniel Kahneman über den Unterschied von schnellem und langsamem Denken[13] bestätigt Epiktets Aussage. Schnelles, intuitives Denken ist fehleranfällig. Man neigt dazu, Fehleinschätzungen zu machen oder fremde Meinungen zu übernehmen. Langsames Denken ist zeit- und energieintensiver, es bringt aber bessere Ergebnisse.

Der Stoizismus lehrt uns, im Hier und Jetzt zu leben und uns bewusst auf das Wesentliche zu konzentrieren. Indem wir uns von den vielen äußeren Reizen entkoppeln, lernen wir, uns auf das Wesentliche zu fokussieren und unsere Gedanken, Handlungen und Annahmen bewusster zu hinterfragen. Dabei geht es darum, uns von kurzfristigen, spontanen Emotionen und Reaktionen auf äußere Ereignisse zu lösen und einen klaren Blick auf die langfristigen Auswirkungen unseres Handelns zu werfen.

– Fokus auf das Signal, nicht auf das Rauschen –

Sich mit Bitcoin zu beschäftigen, hat bemerkenswerte Nebeneffekte. Man lernt nicht nur, das Softwareprotokoll zu verstehen und den Aufbau der Blockchain, sondern im Allgemeinen wächst auch das Verständnis für Ökonomie, Gesellschaft, Politik, Physik, Informatik und viele andere Bereiche. Denn man kann Bitcoin nicht verstehen, ohne ein solides Wissen in diesen vermeintlich getrennten Bereichen zu haben. Aber warum ist das so? Geld bildet die Grundlage für

13 „Schnelles Denken, langsames Denken" von Daniel Kahnemann.

jede Transaktion zwischen fremden Individuen und beeinflusst somit unser tägliches Leben auf vielfältige Weise. Gleichzeitig betritt das Geld mit Bitcoin endgültig den digitalen Raum und koppelt diesen an unsere physische Welt. Eine vergleichbare Technologie gab es vorher noch nicht.

Dabei sollten wir uns auch bewusst sein, dass das reine Lernen nichts Besonderes ist. Auch Tiere und die KI können lernen. Das Verstehen ist das, worin wir uns unterscheiden. Das heißt, wir müssen auch Gelerntes hinterfragen, überdenken und eventuell neu sortieren.

Bitcoin lehrt uns nicht nur unterschiedliche Fachbereiche, sondern auch das Wesentliche vom Unwesentlichen zu trennen. Denn natürlich gibt es in unserer Welt Ablenkungen und Täuschungen. Die Politik, Wirtschaft oder das Bankenwesen sind davon nicht verschont. In einer Welt, in der man vom Wohlwollen anderer abhängig ist, ist Schönfärberei an der Tagesordnung. Wir müssen dies als Rauschen erkennen und das Signal herausfiltern.

Sucht man Bitcoiner in den sozialen Medien, sind sie häufig mit „Laser-Augen“ zu erkennen. Ihre Augen leuchten nicht nur, weil sie von der positiven Zukunft für Bitcoin überzeugt sind, sondern es sind Laser-Augen.

Ein Laser sind gebündelte Lichtstrahlen mit hoher Intensität. Ein Laser kann sehr große Distanzen überbrücken und dabei sehr präzise sein. Damit ein Laserstrahl entsteht, werden Lichtteilchen in einer kleinen Kammer erzeugt und immer wieder zwischen zwei Spiegeln reflektiert. Einer der beiden Spiegel ist teilweise durchlässig. Es können nur „kohärente“ Lichtstrahlen austreten. Das bedeutet, dass die Lichtwellen „in Phase sind“, sie bewegen sich in eine einzige, fokussierte Richtung. Die Lichtteilchen werden hunderte oder tausende

Male in der Kammer reflektiert, bis sie die richtige Phase erreicht haben und aus der Kammer als Laser austreten können.

Wenden wir nun das Konzept des Lasers auf unsere Gefühle und Taten an. Wir sollten alles gut reflektieren und in ruhigen Zeiten unseres Lebens den durchlässigen Spiegel definieren. Dann können wir sicher sein, dass unsere Taten und Worte der richtigen „Phase" entsprechen. Sie führen uns in die richtige Richtung. Wie der römische Kaiser Marcus Aurelius schon erkannte, ist es eine Kunst, dem Eindruck einen Moment lang zu widerstehen und ihn erst bewusst zu verarbeiten, bevor wir handeln. Indem wir uns die Zeit nehmen, unseren Gemütszustand nicht sofort von äußeren Reizen beeinflussen zu lassen, gewinnen wir an innerer Ruhe, Gelassenheit und Zielstrebigkeit.

Wenn wir auf der Suche nach neuen Erkenntnissen sind, ist eine Glühbirne wohl das bessere Leuchtmittel. Sie emittiert ein angenehmes, warmes Licht und leuchtet gleichmäßig in alle Richtungen. Wollen wir jedoch ins Handeln übergehen, dann sollten wir unsere Gedanken, Worte und Taten wie einen Laser betrachten. Erst durch permanentes Reflektieren gewinnen unsere Gedanken an Kraft und verlieren ihre Verstreuung. Mit einem Laser kann man Stahl schneiden, mit einem Laser kann man mehrere Kilometer überbrücken. Ein Laser arbeitet hocheffizient und präzise. Er ist auf einen definierten Punkt fokussiert und erfüllt seine Aufgabe. Es ist kein Zufall, dass Bitcoiner die Laseraugen als Symbol wählen. Bitcoiner versuchen, keine unüberlegten Gedanken in die Welt hinauszutragen, sondern handeln stattdessen sehr überlegt.

Stoizismus und Bitcoin können somit als Werkzeuge dienen, um unser Bewusstsein zu schärfen und uns zu einem reflektierten und verantwortungsvolleren Handeln zu inspirieren. Beides gibt uns die Möglichkeit, uns selbst besser kennenzulernen, unsere eigenen Werte und Überzeugungen zu hinterfragen und bewusste Entscheidungen zu treffen. Durch diese bewusste Lebensführung können wir eine innere Zufriedenheit und Ausgeglichenheit finden und uns von den ständigen äußeren Reizen und Impulsen weniger beeinflussen lassen. Denn nur wenn wir uns bewusst mit unseren Gedanken, Handlungen und Annahmen auseinandersetzen, können wir uns weiterentwickeln und ein erfüllteres Leben führen. Stoizismus und Bitcoin reichen uns hierbei die Hand und bieten uns die Möglichkeit, uns zu einem bewussten und achtsamen Leben zu führen.

Erinnern wir uns an Hausregel #1 „sei natürlich". Die Natur lebt immer im Jetzt. Das Eichhörnchen legt zwar einen Vorrat an Nüssen für den nächsten Winter an, aber es schwelgt nicht in Tagträumen. Es sehnt sich nicht nach dem letzten Sommer, es ist nicht neidisch auf den schönen Baum des Nachbareichhörnchens, es macht sich auch keine Gedanken, was andere Waldbewohner über es denken. Es lebt einfach im Hier und Jetzt, geht und sammelt Nüsse.

Vorbilder suchen und hinterfragen

„Der weise Mann braucht Vorbilder nicht, aber er sucht sie dennoch."

Christian Friedrich Hebbel

Vorbilder spielen eine bedeutende Rolle im stoischen Denken und bei der persönlichen Entwicklung. Die Stoiker betonen die Bedeutung von inspirierenden Vorbildern, sei es historische Persönlichkeiten, Philosophen oder Menschen aus unserem direkten Umfeld. Vorbilder dienen als Quelle der Inspiration und als Anker für unsere eigenen Bemühungen, tugendhaft zu leben. Sie zeigen uns, wie die stoischen Prinzipien in der Praxis angewendet werden können, und ermutigen uns, unseren eigenen Charakter zu formen. Indem wir Vorbilder studieren und von ihnen lernen, können wir uns mit ihren Tugenden und ihrem moralischen Verhalten identifizieren und uns daran orientieren. Vorbilder ermutigen uns, das Beste in uns selbst zum Vorschein zu bringen und unsere eigene Entwicklung voranzutreiben. Sie zeigen uns, dass ein tugendhaftes und erfülltes Leben möglich ist, und dienen als Leuchtfeuer auf unserem Weg zur Eudaimonie. Es ist wichtig, bewusst Vorbilder auszuwählen, die unseren Werten und Idealen entsprechen und uns in unserer persönlichen Entwicklung unterstützen. Indem wir uns an ihnen orientieren und von ihrem Beispiel lernen, können wir unsere eigenen Tugenden stärken und unseren Charakter formen, um ein erfülltes und sinnvolles Leben zu führen.

Als das ideale Vorbild wird der *stoische Weise* angesehen. Der stoische Weise ist eine Idealfigur in der stoischen Philosophie, die eine hohe Stufe der moralischen Exzellenz und Weisheit erreicht hat. Der stoische Weise ist jemand, der in vollem Einklang mit den Prinzipien der stoischen Lehre lebt und seine Handlungen von Vernunft und Tugendhaftigkeit leiten lässt. Der stoische Weise zeichnet sich durch eine tiefe Selbstbeherrschung, innere Ruhe und emotionale Ausgeglichenheit aus. Er oder sie ist frei von den Störungen der Leidenschaften und Begierden und hat ein tiefes Verständnis für die Natur der Dinge und die Gesetze des Kosmos.

Der stoische Weise ist unabhängig von äußeren Umständen glücklich und gelassen. Er hat eine starke moralische Integrität und handelt immer im Einklang mit den Prinzipien der Gerechtigkeit, Tapferkeit, Mäßigung und Weisheit. Der stoische Weise erkennt die Begrenztheit des menschlichen

Einflusses und akzeptiert die Dinge so, wie sie sind, ohne sich von ihnen übermäßig beeinflussen zu lassen.

Die Idee des stoischen Weisen wird als ein Ideal betrachtet, das kaum von Menschen erreicht werden kann. Dennoch dient der stoische Weise als Leitbild und Vorbild für diejenigen, die auf dem Weg zur Tugendhaftigkeit und dem Streben nach einem erfüllten Leben sind. Die Vorstellung des stoischen Weisen ermutigt uns, unsere Charakterstärke zu entwickeln, unsere Handlungen auf moralischen Prinzipien zu gründen und nach Exzellenz in unserem Denken und Handeln zu streben.

Was würde Batman tun?

In der Studie „Superheroes and Me: A Study of Young Children‘s Perceptions of Superhero Play and the Implications for Early Childhood Educators“ [14] aus dem Jahr 2014 wurden die Wahrnehmungen von jungen Kindern bezüglich Superheldenspielen untersucht und die Auswirkungen auf frühpädagogische Fachkräfte analysiert. Die Studie ergab, dass Kinder in ihrer Entwicklung und Identitätsbildung von der Identifikation mit Superheldenfiguren profitieren können, indem sie sich an diesen Vorbildern orientieren. Durch die Frage „*Was würde Batman tun?*“ konnte positives Verhalten angeregt werden. In einer Kindertagesstätte wurden die Kinder ermutigt, sich in schwierigen oder konfliktreichen Situationen zu fragen, wie ihr Lieblingssuperheld Batman handeln würde. Diese Frage diente als Anregung für die Kinder, sich an den positiven Eigenschaften und Werten wie Tapferkeit, Hilfsbereitschaft und Gerechtigkeit von Batman zu orientieren und ihr eigenes Verhalten entsprechend auszurichten. Indem Kinder Vorbilder

14 Deutsch: „Superhelden und ich: Eine Studie über die Wahrnehmung von Superheldenspielen durch kleine Kinder und die Auswirkungen für Erzieherinnen und Erzieher in der frühen Kindheit“

haben und sich mit ihnen identifizieren, lernen sie wichtige soziale Fähigkeiten und Werte, die für ihr weiteres Wachstum und ihre Integration in die Gesellschaft von Bedeutung sind. Diese Erkenntnisse verdeutlichen den Zusammenhang zwischen den Vorteilen, sich an Vorbildern auszurichten, und der Förderung einer positiven Entwicklung bei Kindern.[15]

In gleichem Maße wie Vorbilder zu suchen sind, sind diese auch kritisch zu hinterfragen. Niemandem sollte blindlings gefolgt werden, sondern man sollte stets eine eigene Untersuchung und Prüfung vornehmen. Die stoische Philosophie unterstreicht die Bedeutung des eigenen Urteilsvermögens und der Vernunft, um zu bestimmen, ob die Werte und Tugenden, die von einem Vorbild verkörpert werden, mit den eigenen Überzeugungen und Zielen übereinstimmen. Die Stoiker ermutigen ihre Schüler dazu, das Beste aus verschiedenen Vorbildern zu wählen und sich an ihren Tugenden und Weisheiten zu orientieren, ohne dabei die kritische Reflexion und das eigene Denken zu vernachlässigen. Das Streben nach Weisheit und moralischer Exzellenz ist ein individueller Weg, der von jedem selbst beschritten werden muss. Daher sind die stoischen Vorbilder nicht als absolut und unfehlbar zu betrachten, sondern als Inspirationsquelle und Orientierungspunkt auf unserem eigenen Weg zur Tugendhaftigkeit.

Die Bitcoiner fassen dies in dem Slogan **„slay your heroes“** (deutsch: „töte deine Helden“) zusammen. Dieses Motto fordert dazu auf, die etablierten Autoritäten und Vorbilder kritisch zu betrachten und ihnen nicht blind zu folgen. Es ermutigt, sich

15 Eltern haben die gleiche Funktion wie Batman. Die Eltern eines Kindes haben jeden Tag die Chance und Aufgabe, dieses moralische Vorbild zu sein. Ein Kind ist der Spiegel seiner Eltern.

von traditionellen Denkmustern und Hierarchien zu lösen und selbstständig zu denken. Ähnlich wie den Stoikern ist den Bitcoinern bewusst, wie wichtig das eigene Urteilsvermögen und die kritische Reflexion sind, um die zugrunde liegenden Prinzipien und Ideen zu verstehen. Sie ermutigen dazu, die Annahmen und Überzeugungen, die von den etablierten Institutionen und Vorbildern vertreten werden, zu hinterfragen und selbstständig zu überprüfen. Dieser Ansatz spiegelt den Geist der Unabhängigkeit und der Suche nach Wahrheit wider, der sowohl in der stoischen Philosophie als auch in der Bitcoin-Gemeinschaft verankert ist. Indem die Bitcoiner ihre Helden metaphorisch „töten", befreien sie sich von unreflektiertem Gehorsam und eröffnen sich neue Möglichkeiten des Denkens und Handelns. Sie streben danach, eigene Vorbilder zu schaffen, die auf den Prinzipien von Freiheit, Dezentralisierung und finanzieller Souveränität basieren.

Zwischen Fremdbestimmung und freiem Willen

„Ohne Lineal kann man das Krumme nicht gerade ziehen"
Seneca

Eine abstraktere Form des Vorbilds ist das Leitbild. Es inspiriert und lenkt uns auf unserem Lebensweg. Leitbilder oder Glaubenssätze sind die Muster und Strukturen, die unaufhörlich unser Leben prägen. Sie formen unsere Haltung zum Leben, beeinflussen unsere Gedanken und manifestieren sich letztendlich in unseren Handlungen.

Doch woher stammen diese Konditionierungen? Ein Teil davon wird aus unseren persönlichen Erfahrungen generiert.

Jeder von uns hat einzigartige Lebenserfahrungen gesammelt, die unser individuelles Bild von der Welt zeichnen. Ein weiterer Teil dieser Konditionierungen wird von außen beeinflusst. Unsere Eltern, Lehrer, Freunde sowie Medien und bekannte Persönlichkeiten gestalten unser Weltverständnis und leiten dadurch unsere Denkmuster. Mit der Zeit werden sie zu tief verankerten Mustern und Verhaltensweisen. Sie können passiv oder aktiv durch ständige Wiederholungen und Erfahrung erworben werden. Ein prominentes Beispiel dafür ist der pawlowsche Hund. Er hat gelernt bzw. ihm wurde beigebracht, Speichel zu produzieren, sobald er das Signal für zukünftige Nahrungsaufnahme vernimmt. Diese Konditionierung entsteht durch wiederholte Verknüpfung von Signal und Belohnung. Diese Muster sind in der Regel in unserem Unterbewusstsein verankert und werden automatisch aktiviert, ohne dass wir dies bewusst wahrnehmen. Wir entwickeln Gewohnheiten, reagieren reflexartig auf bestimmte Reize und handeln in vorhersehbarer Weise in spezifischen Situationen. Diese Muster durchziehen vielfältige Lebensbereiche, prägen unser Denken, lenken unsere Gefühle und beeinflussen unser Handeln.

Wie reflexartiges Handeln funktioniert, sehen wir im Kampfsport. Durch die Wiederholung von Abfolgen zur Verteidigung kann ein Angriff blitzschnell abgewehrt werden. Die Handlungen werden aus dem Unterbewusstsein gesteuert und der Verteidiger muss nicht aktiv darüber nachdenken. Die Verteidigung wird präzise und sehr schnell durchgeführt. Wir sehen daran, dass Konditionierungen nicht negativ sein müssen. Wir müssen uns nur auf ein gewünschtes Verhalten konditionieren. Um Konditionierungen aufzubauen oder zu lösen, muss man sich aber der Situation stellen und das gewünschte Verhalten ausführen und unterdrücken. Das Gehirn kann nur durch physische Reize trainiert werden. Ein Buch über das gewünschte Verhalten zu lesen, reicht nicht aus. Aus diesem Grund finden wir später in diesem Buch auch Übungen für ein stoisches Leben. Notwendige Übungen, wenn man die stoische Philosophie in sein Leben integrieren möchte.

Die Leitbilder sind nicht zwingend etwas Individuelles. Wie bereits beschrieben, können sie von außen geformt und definiert werden. Und wenn sie groß genug sind, können diese Leitbilder ganze Nationen bewegen. „Der Staat“ oder „die Demokratie“ sind solche Bilder, die Millionen von Menschen bewegen und steuern können. Seit Jahrzehnten und über mehrere Generationen hinweg unterwerfen wir unser politisches Handeln dem Bild der Demokratie. „Demokratie ist die Macht des Volkes über das Volk.“ (Giovanni Sartori). Wer dieses Konzept hinterfragt, wird schnell zum Außenseiter oder sogar als staats- oder gesellschaftsfeindlich betrachtet. Mit dem gleichen Eifer wie die Demokraten folgen aber auch Gläubige ihrer Religion. Das gipfelt darin, dass das Leben anderer Menschen – „Ungläubiger“ – geopfert wird, um seine eigene Überlegenheit zur Schau zu stellen. Das Prinzip hinter der Demokratie und der Religion ist das gleiche. Es sind Leitbilder, die große Menschenmengen vereinen und zu Handlungen bewegen können. Ob diese Handlungen gut oder schlecht sind, liegt im Auge des Betrachters. Daher sind diese Leitbilder per se nichts Schlechtes, wenn man sich ihrer Macht bewusst ist.

Was hat Geld mit unserem Leitbild zu tun?

Geld ist ein zentrales Zahnrad im Getriebe unserer Gesellschaft. Als primäres Tauschmittel vollendet es nahezu jeden Handel, den wir Menschen miteinander abschließen. Ebenso fungiert es als das Werkzeug, mit dem wir unsere Arbeitsleistung in die Zukunft übertragen können. In jungen Jahren sind wir in der Lage, effizient und in großem Umfang zu arbeiten, jedoch lässt diese Fähigkeit naturgemäß im Laufe der Zeit nach. Daher entsteht die Vorstellung der Altersvorsorge, bei der wir in unserer Jugend etwas für unsere späteren Jahre beiseitelegen. Doch was geschieht, wenn Geld diese grundlegende Funktion nicht mehr erfüllt? In einem solchen Fall verlieren wir die Fähigkeit zu sparen und damit auch die Fähigkeit, die Zukunft zu planen.

Sparen ist mehr eine mentale Fähigkeit als eine monetäre. Auch wenn man viel Geld hat, kann man nicht automatisch sparen. Man muss es wollen und tun. Wir sehen dies immer wieder an Lottogewinnern oder Profisportlern. Sie kommen in einem sehr kurzen Zeitraum zu großem Wohlstand, sind aber häufig nicht in der Lage, diesen für lange Zeit zu erhalten. Nach wenigen Jahren sind sie wieder bankrott oder sogar verschuldet.

Wenn Geld als zuverlässiger Wertspeicher wegfällt, suchen wir nach Alternativen wie Immobilien, Aktien oder Edelmetallen. All diese Alternativen sind Teil der Wirtschaft und unterliegen in Bezug auf ihre Art, Menge und Verfügbarkeit einer hohen Unsicherheit. Aus diesem Grund stellen sie keine zuverlässige Grundlage für die angestrebte Vermögensbildung und Absicherung der Zukunft dar. Die weit verbreitete Flucht der Gesellschaft in diese Alternativen führt paradoxerweise dazu, dass die Preise für ihren Erwerb ständig steigen – eine Art sich selbst erfüllende Prophezeiung. Für den Einzelnen wird es daher zunehmend schwieriger, beispielsweise ein Haus als Teil seiner Altersvorsorge zu erwerben.

In einer Gesellschaft, die nicht mehr in der Lage ist zu sparen, wird kurzfristiger Konsum immer verlockender. Die Zeitpräferenz nimmt zu und kurzfristige Befriedigung wird langfristigen, aber unsicheren Aussichten vorgezogen. Im Jugendslang manifestiert sich diese Einstellung in Ausdrücken wie „Yolo“ (You Only Live Once),[16], die im Grunde genommen John Maynard Keynes‘ berühmtem Zitat entsprechen: „In the long run, we are all dead.“[17].

Geld mag zwar nicht das alleinige Leitbild der Gesellschaft sein, doch es beeinflusst und formt sie maßgeblich. Stabiles Geld kann zur Schaffung einer stabilen und langfristig orientierten Gesellschaft beitragen, während abwertendes Geld sowohl die Gesellschaft als auch das Individuum zersetzt. Es führt zu kurzfristig orientiertem, konsumfreudigem Verhalten der Menschen und damit der gesamten Gesellschaft.

Ein Leitspruch der Bitcoiner ist: **„Don‘t trust, verify.“**[18] Dies gilt nicht nur für äußere Informationen, sondern auch für unsere eigenen Gedanken und Entscheidungen. Wir müssen uns fragen: Können wir unseren eigenen Eindrücken und Entscheidungen vertrauen? Worauf gründen sich diese Entscheidungen? Oftmals basieren sie auf unserem Leitbild und unseren tief verwurzelten Überzeugungen. Wie können wir dieses Leitbild formen? Die Antwort ist einfach: durch Selbstüberprüfung. Wir müssen uns selbst immer wieder auf den Prüfstand stellen und unsere Gedanken, Einstellungen und Handlungen kritisch hinterfragen. Diese kontinuierliche Selbstüberprüfung ist entscheidend, um sicherzustellen, dass unser Leitbild und unsere Entscheidungen im Einklang mit unseren wahren Werten und Zielen stehen.

„Der Mensch nimmt die Dinge entsprechend seinen Erfahrungen wahr.“

Autor unbekannt

---

16 „You only live once“, deutsch: „Man lebt nur einmal.“

17 „In the long run we are all dead“, deutsch:„Langfristig sind wir alle tot.“ (aus „A Tract on Monetary Reform“ von 1923.)

18 „Don’t trust, verify“, deutsch: „vertraue nicht, verifiziere!“

In einer Welt, in der wir so stark von Konditionierungen und Leitbildern beeinflusst werden, stellt sich die Frage: Haben wir überhaupt einen freien Willen? Die Antwort ist komplex. Obwohl konditionierte Muster Einfluss auf unseren freien Willen nehmen können, sind sie nicht allmächtig. Diese Muster steuern erlernte Verhaltensweisen, die automatisch ablaufen, jedoch besitzen wir nach wie vor die Fähigkeit, bewusst zu agieren und Entscheidungen zu treffen, die von unseren eingefahrenen Mustern abweichen. Der freie Wille verleiht uns die Macht, bewusste Entscheidungen zu treffen und unser Verhalten aktiv zu lenken. Auch wenn konditionierte Muster unsere Reaktionen in bestimmten Situationen automatisieren können, behalten wir die Kontrolle über unser Handeln. Wir können bewusst gegen diese Muster ankämpfen und neue Pfade beschreiten, wenn wir dies wünschen. Unser Verhalten ist oft das Resultat einer Wechselwirkung zwischen konditionierten Mustern und bewussten Entscheidungen. In einigen Fällen mögen die Muster überwiegen, wie beispielsweise bei Suchtverhalten oder Fluchtreaktionen bei Gefahr. Doch selbst in solchen Momenten bleibt unser freier Wille unangetastet. Wir haben die Kraft, bewusst zu handeln und unser Verhalten zu ändern, um den Pfad der persönlichen Entwicklung zu wählen.

Die eigenen Leitbilder und Muster zu hinterfragen, ist schwer, sie zu überwinden noch schwerer. Aber für jene, die bereits den Weg ins Bitcoin-Rabbit-Hole gefunden haben, sind solche Fragen keine Neuheit. Bitcoiner sind es gewohnt, etablierte Dogmen zu hinterfragen und offen für neue Antworten zu sein. Das Bitcoin-Netzwerk ist ein faszinierender Kreislauf der Selbstreflexion. Angetrieben durch seine ausgeklügelten ökonomischen Anreize, hinterfragt Bitcoin sich ständig selbst. Das Netzwerk benötigt eine beständige Energiezufuhr, um effizient zu funktionieren. Diese Energie fließt nur, wenn auch das

Interesse an Bitcoin vorhanden ist. Die Miner suchen nach dem nächsten Block, indem sie die aktuellen Transaktionen festhalten. Für ihre Arbeit erhalten sie eine festgelegte Belohnung[19] und variable Transaktionsgebühren. Da das Mining Energie benötigt, kann es nur so lange betrieben werden, wie es wirtschaftlich ist. Wirtschaftlich heißt in diesem Kontext, dass dem Bitcoin als Geld ein Wert zugeschrieben wird und dass er als Transaktionsnetzwerk genutzt wird. So schließt sich der Kreis zum Interesse am Bitcoin-Netzwerk. Mit dem Interesse an Bitcoin steigt und fällt die Menge der zugeführten Energie. Jede Transaktion im Bitcoin-Netzwerk ist eine Reflexion und positive Rückmeldung an Bitcoin, denn die Menschen hätten auch das klassische Bankensystem nutzen können. Jeder Euro, der zum Sparen in Bitcoin getauscht wird, gibt dem Netzwerk die positive Rückmeldung: *„Du bist relevant, du bist von Bedeutung!"* Dieses Signal motiviert das Netzwerk, noch mehr Energie und Ressourcen in seine Funktionstüchtigkeit zu investieren.

Das Bitcoin-Netzwerk ist somit nicht nur ein technologisches Phänomen, sondern auch ein soziales und wirtschaftliches System, das aufgrund seiner ständigen Selbstreflexion und Anpassungsfähigkeit an Relevanz gewinnt. Es lehrt uns, dass die Stärke eines Netzwerks nicht nur auf seinen technischen Komponenten beruht, sondern auch auf dem Vertrauen und dem Interesse der Menschen, die es nutzen und gestalten.

Im Gegensatz dazu zeigt das Fiat-Währungssystem wenig Neigung zur Selbstreflexion. Es bleibt selbstgefällig und schafft seine eigenen Anreize, ohne sich je zu hinterfragen. Wenn Probleme und Herausforderungen auftreten, neigt das Fiat-System dazu, die Ursachen im Außen zu suchen. In Zeiten von

19 Für jeden Block wird ein sogenannter „Blockreward" (deutsch: Blockbelohnung) ausgeschüttet. Die Auszahlung erfolgt in Bitcoin.

Wirtschaftskrisen, begleitet von Bankenzusammenbrüchen, verursacht durch hohe Inflation, wird stets der Weg des Gelddruckens als vermeintliche Heilung gewählt. Zunächst mag diese Maßnahme wirken, da sie die sichtbaren Symptome vorübergehend lindert. Allerdings wird die eigentliche, zugrunde liegende Krankheit, die diese Krisen ausgelöst hat, nicht bekämpft, sondern befördert. Das Fiat-System ist ein geschlossener Kreislauf, in dem die Lösungen zur Verstärkung der ursprünglichen Probleme führen.

Die stoische Perspektive und die Prinzipien des Bitcoins ermutigen uns jedoch, tiefer zu graben, bestehende Annahmen zu hinterfragen und die zugrunde liegenden Probleme zu erkennen. Der „Don't trust, verify."-Ansatz ist ein wesentlicher Teil dessen, was Stoiker und Bitcoiner gleichermaßen dazu inspiriert, die Welt aus einer abstrakteren und umfassenderen Perspektive zu betrachten.

> *„Wenn es um Geld geht, das für uns von großem Belang ist, haben wir eine regelrechte Kunstform kreiert, bei der Geldtester mit verschiedenen Mitteln dessen Wert bestimmen ... Ebenso beurteilen wir solche Dinge mit großer Sorgfalt, die uns in die Irre leiten könnten. Aber wenn es um unser eigenes Leitprinzip geht, dann werden wir müde und unkonzentriert, akzeptieren alles, das vor uns aufblitzt, ohne die Kosten zu bedenken."*
>
> Epiktet

Leider sind wir heute noch eine Stufe weniger kritisch als Epiktet das hier beschreibt. Heute prüfen wir weder das Geld (Fiat), das wir täglich verwenden, noch die Dinge, die uns in die Irre führen könnten. Informationen aus den Leitmedien werden ungefiltert aufgenommen und als Wahrheit verstanden.

Das man an seinen eigenen Leitprinzip zweifelt ist für die meisten Menschen sehr weit weg. Als Stoiker wollen wir genau hier ansetzen.

Gerechtigkeit

Gerechtigkeit ist das Fundament einer harmonischen Gesellschaft und eines erfüllten Lebens. Gerechtigkeit bedeutet, jedem das zuzuteilen, was ihm aufgrund seiner Verdienste zusteht, und die Rechte und Würde jedes Menschen zu respektieren. Sie beinhaltet die Behandlung anderer mit Fairness, Mitgefühl und Respekt. Gerechtigkeit lebt nicht nur in äußeren Handlungen, sondern erfordert auch eine innere Haltung und Gesinnung. Es geht darum, im Einklang mit der kosmischen Ordnung und den universellen Prinzipien zu handeln, die das Zusammenleben der Menschen bestimmen. Der Stoiker ermutigt dazu, gerecht zu handeln, unabhängig von persönlichen Interessen oder Vorurteilen. Gerechtigkeit beinhaltet auch die Anerkennung der eigenen Verantwortung, sich für eine gerechte Gesellschaft einzusetzen und soziale Ungerechtigkeiten zu bekämpfen. Durch die Ausübung von Gerechtigkeit können wir zur Harmonie und zum Wohl aller beitragen und ein moralisch integres Leben führen.

Genesis

„Gerechtigkeit ist die Quelle aller anderen Tugenden."
Marcus Aurelius

Satoshi Nakamoto hat das wahrscheinlich gerechteste Geld der Geschichte erfunden. Über Gerechtigkeit im sozialen oder gesellschaftlichen Sinne hat er jedoch nie geschrieben. Wir können aus seinen Nachrichten die Kritik am Bankensystem erkennen und demnach ein Empfinden der Ungerechtigkeit ableiten. Aber woher kommt diese Ungerechtigkeit im Banken- oder Fiat-System?

Das Fiat-System ist ein hierarchisches System, das von einzelnen zentralen Strukturen abhängig ist. Das Geld wird von den Banken verwaltet und ausgegeben. Als Privatperson geht man zu einer Sparkasse oder Geschäftsbank, daneben stehen die Investmentbanken für Investoren und institutionelle Anleger. An der Spitze dieser Banken stehen die Zentralbanken der jeweiligen Länder. Die Zentralbanken haben die Aufgabe der „Währungsstabilität". Ihre Kernaufgabe ist, die Inflation bei ~2 % zu halten. Um am Bankensystem teilzunehmen, benötigt man die Erlaubnis einer Bank, sie muss einem ein Konto eröffnen und verwalten. Um eine Bank zu eröffnen, benötigt man Genehmigungen von Behörden und muss sehr viel Kapital aufbringen. In Deutschland gibt es ein Recht auf ein Basiskonto, dies muss aber nicht kostenfrei zur Verfügung gestellt werden. Dieses Recht haben viele Menschen auf der Welt nicht. Laut einer Schätzung der Weltbank haben etwa 1,4 Milliarden Menschen keinen Zugang zu einem Bankkonto. Die Gründe dafür sind vielfältig. Es geht um fehlende Infrastruktur, mangelnde Identifikationsdokumente, hohe Kontogebühren, fehlende Bildung und auch gesetzliche Hürden. Auch heute noch sind Teile der Bevölkerung vom Bankensystem ausgeschlossen, weil sie keine Geburtsurkunde besitzen und sich somit nicht ausweisen können. Wir sehen, dass das gängige Bankensystem ein exklusives System ist, von dem bestimmte Menschen ausgeschlossen sind.

Eine weitere große Ungerechtigkeit ist die Geldschöpfung. Neues Geld kann von den Banken erschaffen werden und geht dann in Umlauf. Diese Geldschöpfung erhöht die Geldmenge und sorgt damit für Inflation. Das Tückische hier ist, dass die Inflation zeitversetzt einsetzt. Dabei profitieren die Teile der Gesellschaft, die das neue Geld zuerst bekommen haben. In unserem System sind es die Banken oder große Finanzinstitute. Diese frühen Empfänger des neuen Geldes profitieren, da sie es ausgeben können, bevor die Inflation einsetzt und die Preise ansteigen. Sie haben die Möglichkeit, Vermögenswerte wie Immobilien, Aktien oder Rohstoffe zu erwerben, deren Preise sich später nach oben korrigieren, sobald das neue Geld in den Wirtschaftskreislauf eingesickert ist. Auf diese Weise steigen ihre Vermögen an, ohne dass die reale Wertschöpfung der Gesellschaft gewachsen ist.

Im Gegensatz dazu trifft die inflationäre Wirkung des neuen Geldes die breite Bevölkerung erst später. Diejenigen, die das zusätzliche Geld später oder gar nicht erhalten, sehen sich mit steigenden Preisen konfrontiert, während ihre Einkommen nicht im gleichen Maße oder erst viel später ansteigen. Die Kaufkraft derjenigen, die am Ende dieser Kette stehen, in der Regel Menschen mit festem Einkommen und einem Sparbuch, wird erheblich geschmälert. Die Preise für Konsumgüter und Dienstleistungen erhöhen sich, ohne dass diese Menschen von den Vorteilen des neuen Geldes profitieren können. Dieser Effekt, auch Cantillon-Effekt[20] genannt, führt zu einer verdeckten Umverteilung von Wohlstand. Die frühen Empfänger des neuen Geldes werden relativ reicher, während die späteren Empfänger oder solche, die gar keinen Zugang dazu haben, relativ ärmer werden.

20 Cantillon-Effekt nach Richard Cantillon benannt.

Dieses Phänomen verzerrt nicht nur die Einkommensverteilung, sondern auch die Preissignale innerhalb der Wirtschaft. So können bestimmte Sektoren wie etwa der Immobilien- oder Aktienmarkt überhitzen, da das neue Geld primär in diese Bereiche fließt. Diese Preisblasen führen oft zu einer Fehlallokation von Ressourcen und riskanten Investitionen. Das Paradoxe am Cantillon-Effekt ist, dass eine Maßnahme, die ursprünglich zur Ankurbelung der Wirtschaft gedacht war – die Schaffung neuen Geldes – letztlich die soziale Ungleichheit verschärfen kann. In einer Welt, in der das Finanzsystem tief mit dem sozialen Gefüge verwoben ist, bleibt der Cantillon-Effekt ein machtvolles und oft übersehenes Phänomen, das die Frage aufwirft, wer in Zeiten expansiver Geldpolitik wirklich profitiert und wer die versteckten Kosten trägt.

Die (bewusst oder unbewusst) wahrgenommene Ungerechtigkeit des Fiat-Systems hat tiefgreifende psychologische und soziale Auswirkungen. Menschen sind besonders empfindlich gegenüber Ungerechtigkeit, selbst wenn sie nicht direkt betroffen sind. Das Gefühl, dass das Finanzsystem manipuliert ist und die Reichen bevorzugt, führt zu einem tiefen Misstrauen gegenüber Institutionen und Regierungen. Dieses Misstrauen hat direkte Konsequenzen: Es schwächt das soziale Gefüge und führt zu politischer Instabilität.

Wir können zusammenfassen: Das Fiat-System ist ein ungerechtes System. Es schließt die ganz Armen komplett aus und verteilt das Vermögen der Mittelschicht an die Reichen.

Bitcoin bricht mit den hierarchischen Strukturen des traditionellen Finanzsystems. Im Gegensatz zum Fiat-Geld, das zentral kontrolliert wird, ist Bitcoin ein dezentrales, inklusives System, das jedem offensteht. Um am Bitcoin-Netzwerk teilzunehmen, benötigt man keine Erlaubnis einer Bank oder Behörde – ein Smartphone oder ein Computer genügen. Jeder

Mensch, der sich die 12 Wörter seines privaten Schlüssels merken kann, hat die volle Kontrolle über sein Geld. In einer Welt, in der etwa 1,4 Milliarden Menschen keinen Zugang zu einem Bankkonto haben, bietet Bitcoin eine echte Alternative.

Bitcoin beseitigt die Barrieren, die den Zugang zum Finanzsystem behindern, und ermöglicht jedem Einzelnen, unabhängig von seinem sozialen Status oder seiner geografischen Lage, Vermögen zu speichern und zu übertragen. Die Regeln des Netzwerks sind für alle Teilnehmer gleich – egal, ob sie in einer Blechhütte oder in einem Schloss leben. Die Sicherheit der Verschlüsselung und der Zugang zum Netzwerk sind für alle identisch. Diese Gleichbehandlung ist eine Form der Gerechtigkeit, die in den zentralisierten Systemen fehlt.

Ein wesentlicher Unterschied zwischen Bitcoin und dem Fiat-Geldsystem liegt in der Geldpolitik. Während Zentralbanken neue Geldmengen schaffen können, ist die Geldmenge von Bitcoin seit dem ersten Tag auf 21 Millionen Einheiten begrenzt. Das bedeutet, dass es keinen Cantillon-Effekt gibt – es gibt keine frühen Empfänger, die von der Inflation profitieren. Jeder neue Bitcoin, der durch Mining erzeugt wird, folgt einem transparenten und vorab festgelegten Prozess, der für alle nachvollziehbar ist.

Diese Endlichkeit und Vorhersehbarkeit von Bitcoin verhindern die verdeckte Umverteilung von Wohlstand, die im Fiat-System so häufig vorkommt. Stattdessen entsteht ein gerechtes, stabiles System, das auf festen Regeln basiert, die von keiner zentralen Instanz geändert werden können. Es ist ein Geldsystem, das den Fokus auf langfristige Werte legt, anstatt kurzfristige Gewinne durch inflationäre Maßnahmen zu erzielen.

Bitcoin bietet jedem Menschen Teilhabe und freien Handel. In vielen Teilen der Welt sind Menschen vom traditionellen Bankensystem ausgeschlossen. Ob aufgrund fehlender Dokumente, hoher Gebühren oder politischer Instabilität. Bitcoin bietet diesen Menschen eine neue Chance, am globalen Finanzsystem teilzuhaben, ohne auf zentrale Institutionen angewiesen zu sein. Auch ein kleiner Händler in einer ländlichen Region ohne Bankfiliale kann Bitcoin als Zahlungsmittel akzeptieren und so am internationalen Handel teilnehmen. Das ist eine echte, inklusive Gerechtigkeit, die das Fiat-System bisher nicht bieten konnte. Bitcoin ermöglicht wirtschaftliche Autonomie für Milliarden von Menschen, die bisher keinen Zugang zu grundlegenden Finanzdienstleistungen hatten.

Das Fiat-System hat gezeigt, dass es strukturell unfair ist und die Ungleichheit verschärft. Die Geldschöpfung führt zu einer Umverteilung von unten nach oben und schließt die Ärmsten der Welt vom Finanzsystem aus. Bitcoin hingegen bietet eine echte Alternative – ein dezentralisiertes, transparentes und faires Geldsystem, das auf klaren, unveränderlichen Regeln basiert.

Preis oder Wert?

„Entscheide dich, nicht von den Dingen, sondern von deiner Bewertung der Dinge beeinflusst zu werden.

Epiktet

Die Stoiker wissen nur zu gut, dass die Dinge nicht immer das sind, was sie zu sein scheinen. Die Kosten müssen nicht dem Wert entsprechen. Es gibt wirtschaftliche Herstellungskosten, die aber völlig unabhängig davon sein können, welchen Wert wir Dingen zuschreiben. Man kann wohl grundsätzlich davon ausgehen, dass die Produktion von Luxuskleidung in etwa die gleichen Kosten erzeugt, wie die Herstellung einfacher No-Name-Kleidung. Die Marke macht hier den entscheidenden Unterschied. Es ist ein völlig subjektiver Wert, den wir dieser Kleidung beimessen. Die Kleidung bekommt einen Schmuckwert, weil du dich großartig fühlst, wenn du sie trägst. Bei Büchern sind die Produktionskosten auch unabhängig vom Inhalt. Ein bestimmtes Buch kann aufgrund seines Inhaltes jedoch besonderen Wert für dich erlangen. Es hat einen Nutzwert für dich, weil es deine Produktivität steigert, dein Wissen erweitert oder sogar deine Gesundheit verbessert. Wir müssen alle erkennen, dass Wert nicht mit Kosten gleichzusetzen ist und dass ein und dasselbe Gut aus unterschiedlichen Blickwinkeln unterschiedlichen Wert haben kann.

Die Wahrnehmungen des Wertes bezeichnet man auch als intrinsischen und extrinsischen Wert. Intrinsischer Wert beschreibt den Wert, den etwas in sich selbst besitzt – unabhängig von äußeren Faktoren oder seinem Nutzen für uns. Ein Objekt oder eine Idee mit intrinsischem Wert wird um ihrer selbst willen geschätzt, weil sie als wertvoll angesehen wird, unabhängig davon, ob sie einen direkten Nutzen hat. Zum Beispiel betrachten viele Philosophen Tugend, Freiheit und Glück als intrinsisch wertvoll. Sie werden nicht als Mittel zu einem Zweck angesehen, sondern als Ziele, die in sich selbst erstrebenswert sind.

Extrinsischer Wert hingegen basiert auf dem Nutzen oder dem Zweck, den etwas für uns erfüllt. Der Wert eines Objekts liegt hier in seiner Nützlichkeit und Funktion. Geld ist ein klassisches Beispiel für extrinsischen Wert: Es ist nicht aus sich selbst heraus wertvoll, sondern weil wir es als Tauschmittel verwenden, um Waren und Dienstleistungen zu erwerben. Der Wert des Geldes liegt in der Akzeptanz und dem Vertrauen, das Menschen ihm entgegenbringen. Auch das glorifizierte

Gold muss als extrinsisch wertvoll erachtet werden. Es ist ein Metall, das aus sich selbst heraus keinen Nutzen stiftet. Sein Wert kommt seit fünftausend Jahren aus dem Vertrauen, das die Menschen ihm als Geld geben.

So können wir weder Gold noch Bitcoin einen intrinsischen Wert zusprechen. Beide sind Werkzeuge, mit denen wir intrinsische Werte erreichen oder halten wollen: Gesundheit, Sicherheit, Tugend, Freiheit und Glück. Auch die aufgebrachte Energie und Rechenleistung ist nicht der intrinsische Wert von Bitcoin. Die Energie und Rechenleistung sind vielmehr die Gradmesser, mit denen wir den (extrinsischen) Wert von Bitcoin bemessen können. Wir sind es gewohnt, die Dinge in Dollar zu bemessen. Da der Dollar, wie jede andere Fiat-Währung, aber stark inflationiert, ist er kein gutes Messinstrument. Ein Watt elektrische Leistung ist aber klar definiert und kann daher als Maßstab dienen.

Ein Watt (W) ist definiert als ein Joule pro Sekunde (J/s). Mit anderen Worten, ein Watt beschreibt die Leistung, die benötigt wird, um eine Energiemenge von 1 Joule pro Sekunde zu übertragen. 1 Joule (J) ist die Energiemenge, die erforderlich ist, um eine elektrische Ladung von 1 Coulomb (C) durch einen Potenzialunterschied von 1 Volt (V) zu bewegen.

Wir sehen, dass wir den Dingen nicht nur verschiedene Werte beimessen können, sondern dass wir die Werte auch unterschiedlich bemessen und in unterschiedlichen Einheiten denominieren.

Wenn wir den Dingen nun unterschiedliche, persönliche Werte beimessen, sollten wir dann auch bereit sein, den entsprechenden Preis zu zahlen? Sei es nun in Form von Geld oder Zeit. Denn letztendlich geht es darum, dass wir uns durch unsere Werte und Überzeugungen bereichert fühlen – sei es durch Schmuck oder durch das wertvolle Wissen, das wir erlangen.

„Die Menschen kennen den Preis von allem, aber nicht seinen Wert. Die wirklich wichtigen Dinge sind unbezahlbar."
Oscar Wilde

Die Bitcoiner lassen dieses alte stoische Prinzip wieder aufleben und nennen es „V4V - Value for Value[21]". Hier geht es darum, dass Dienstleister ihre wertvollen Inhalte, sei es in Form von Artikeln oder Podcasts, zunächst kostenlos zur Verfügung stellen. Im Gegenzug wird um eine freiwillige Spende gebeten, wenn die Inhalte den Hörern oder Lesern einen Mehrwert geboten haben. Auch die Höhe der Spende wird bewusst offengelassen. Somit bekommt der Nutzer die Möglichkeit, den Wert der gebotenen Dienstleistung selbst zu bestimmen und entsprechend zurückzugeben. Dieses Prinzip fördert eine Kultur des Wertschätzens und der Fairness, in der die Beziehung zwischen Dienstleister und Nutzer auf Vertrauen und Freiwilligkeit basiert. Es ermöglicht den Nutzern, den Wert der erhaltenen Inhalte ehrlich zu reflektieren und die Spende entsprechend anzupassen. V4V stärkt die Bindung zwischen den Akteuren und schafft eine Gemeinschaft, die auf gegenseitiger Anerkennung und Wertschätzung beruht. So steht V4V nicht nur für einen einfachen Austausch von Geld, sondern auch für einen Austausch von Wertschätzung und Dankbarkeit. Es ist eine Win-Win-Situation, bei der beide Seiten von dieser gelebten Philosophie profitieren. Durch ein selbstbestimmtes Teilen von Werten entsteht eine positive Energie, die die ganze Community stärkt und das Bewusstsein für den wahren Wert

21 Value for Value = deutsch: Wert für Wert

von Informationen schärft. In dieser Atmosphäre der Fairness und Solidarität wird das Bitcoin-Netzwerk zu einem physischen Ort des gemeinsamen Lernens, Wachsens und Teilens.

PS: Beim Schenken werden die gleichen Glückshormone ausgeschüttet wie beim Erhalten eines Geschenks. Man tut sich also selbst einen Gefallen, wenn man großzügig ist und anderen Menschen etwas Gutes tut. Wenn man von jemandem lernen konnte, wenn er etwas Großartiges geschaffen hat oder wenn etwas ein Mehrwert für die Gesellschaft ist, sollte man es auch zeigen.

Mäßigung

„Wer sich selbst genug ist, dem ist kein Ding unerschwinglich."
Seneca

Mäßigung beschreibt die Fähigkeit, sich in allen Aspekten des Lebens zu mäßigen und extreme oder übertriebene Verhaltensweisen zu vermeiden. Es geht darum, ein Gleichgewicht zwischen den eigenen Wünschen und Bedürfnissen zu finden und nicht von übermäßigen Begierden oder Impulsen beherrscht zu werden. Mäßigung ermöglicht es, vernünftig und bedacht zu handeln und nicht den kurzfristigen Genüssen oder Versuchungen nachzugeben. Es geht darum, die eigenen Leidenschaften zu beherrschen und ein bewusstes und reflektiertes Leben zu führen. Mäßigung ermöglicht es, klare Urteile zu fällen, moralisch richtige Entscheidungen zu treffen und ein Leben in Übereinstimmung mit den stoischen Prinzipien zu führen. Sie hilft dabei, die eigenen Werte und Ziele im Blick zu behalten und nicht von äußeren Einflüssen oder Versuchungen abgelenkt zu werden. Durch die Ausübung von Mäßigung können wir ein Gefühl der inneren Balance, der Selbstkontrolle und der inneren Ruhe erreichen, was zu einem erfüllten und sinnvollen Leben beiträgt. Mäßigung unterstützt uns dabei, die Kontrolle über unser Handeln zu behalten und in Einklang mit unseren Werten und Überzeugungen zu leben.

> *„Denke daran, dich im Leben stets so zu verhalten, als seist du bei einem Festbankett. Wenn etwas, das herumgereicht wird, bei dir ankommt, dann nimm dir eine bescheidene Menge. Es geht vorbei? Halte es nicht an. Es ist noch nicht bei dir angekommen? Lass dein Verlangen danach nicht überhandnehmen, sondern warte, bis es bei dir ankommt. So verhalte dich mit Kindern, dem Ehepartner, mit deiner beruflichen Position, mit Reichtum – und eines Tages wirst du es dir verdient haben, an einem Festbankett mit den Göttern teilzunehmen."*
>
> Epiktet

Das Leben bietet alles, was man braucht. Mit Bescheidenheit und Mäßigung reicht es für uns alle. Es gibt immer Situationen, in denen man sich im Nachteil oder Unrecht fühlt, das ist jedoch nur die persönliche Sicht. Mindestens genauso häufig ist man in einer komfortableren Situation, nur fällt es einem in diesem Moment nicht auf. Wenn du Ungerechtigkeit empfindest, dann sage zu dir: Dein Anteil wartet schon auf dich, du bist nur noch nicht an der Reihe.

Zum Wohlstand geht's nur langsam

„Wohlbefinden wird durch kleine Schritte erreicht, ist aber wahrlich keine kleine Sache."
Zenon

Nach Eugen Böhm von Bawerk definiert die Zeitpräferenz die Sparneigung des Menschen. Ein Mensch mit geringen Ansprüchen an das Hier und Jetzt ist in der Lage zu sparen, er kann Kapital aufbauen. Mit Kapital kommt Wohlstand. Somit werden die sparsamen und genügsamen zu den wohlhabenden Menschen in einer Gesellschaft. Das subjektive Wohlstandsgefühl dieser Menschen wächst zudem exponentiell zum ersparten Kapital/Wohlstand, da der Mensch in seiner Bescheidenheit schon mit deutlich weniger glücklich ist. Behält man seine geringe Zeitpräferenz, ist es sehr wahrscheinlich, dass das Kapital und der Wohlstand auch bestehen bleiben.

Das Sparen ist eine elementare Fähigkeit, um Wohlstand aufzubauen. Das Sparen ist dabei nichts, das wir von außen bekommen, es ist eine mentale Fähigkeit, die wir erlernen können. Schon in der Kindheit lernen wir den Spruch „Kleinvieh macht auch Mist". Das ist der Kern. Wir müssen auch die kleinen Dinge des Lebens wertschätzen.

Aber warum hat unsere Gesellschaft das Sparen verlernt und träumt nur noch vom großen Lottogewinn? Warum ist das Sparen schon lange zu einem Relikt geworden und Investieren das neue Normal? Dafür gehen wir noch einmal zum Cantillon-Effekt zurück. Durch das ständige Ausweiten der Geldmenge wird der relative Wert eines ersparten Vermögens kleiner. Die Kaufkraft der Ersparnisse sinkt und das Sparbuch wird immer uninteressanter. Im Fiat-System wird kein Sparen ermöglicht.

Bitcoin ist auf 21 Millionen Einheiten begrenzt. Damit bleibt ein bestimmter Anteil dieser Gesamtmenge relativ zur vordefinierten Gesamtmenge immer gleich groß. Der gesparte Anteil wird nicht verwässert. Die Kaufkraft, die dieser Anteil ermöglicht, steigt mit der Zeit sogar. Solange die Menschheit innovativ ist, wird der Wohlstand wachsen. Produkte und Dienstleistungen werden preiswerter oder besser. Dieser steigenden Innovation steht eine fixe Geldmenge gegenüber, und das Ersparte gewinnt an Kaufkraft.

Bitcoin bringt mit dem Sparen auch unsere Wertschätzung für die kleinen Dinge zurück. Wir streben nicht mehr nach dem Lottogewinn, sondern sind auch mit kleineren Erfolgen zufrieden. Auch kleine Erfolge können uns wieder zu Wohlstand führen, mit der Zeit. Wir können gelassener in die Zukunft blicken und uns mehr dem Moment widmen. Eine Entschleunigung unseres Alltags bringt uns schon heute mehr Wohlbefinden und Wohlstand.

Weniger ist mehr

„Reichtum besteht nicht im Besitz von vielen Dingen, sondern im Verlangen nach wenigen."
Epiktet

Die Stoiker sehen den Wert von äußerem Besitz kritisch und zeigen, dass wahrer Reichtum nicht durch die Menge an materiellen Gütern definiert wird, sondern durch eine innere Haltung der Genügsamkeit und des Verzichts auf übermäßigen Besitz. Für die Stoiker liegt der wahre Reichtum in der Zufriedenheit mit dem, was man hat, und der Fähigkeit, materielle Bedürfnisse bewusst zu begrenzen. Die (Ver-)Haftung an materielle Dinge birgt die Gefahr des Verlusts der inneren

Freiheit. Die Stoiker ermutigen dazu, den Fokus auf innere Werte wie Tugendhaftigkeit, Weisheit und Selbsterkenntnis zu legen, da diese den wahren Reichtum darstellen, unabhängig von äußeren Umständen. Durch die Loslösung von materiellen Begierden und die Kultivierung einer genügsamen Haltung können wir uns auf das Wesentliche konzentrieren und ein erfülltes Leben im Einklang mit den stoischen Prinzipien führen. Daher ist die „Mäßigung" auch eine der Kardinaltugenden. Die stoische Mäßigung erinnert uns daran, dass wahres Glück und Erfüllung nicht im übermäßigen Streben nach äußerem Reichtum und materiellen Gütern zu finden sind, sondern vielmehr in der inneren Zufriedenheit und dem bewussten Verzicht auf überflüssigen Besitz. Das Sprichwort „Weniger ist mehr" drückt genau diese stoische Philosophie der Mäßigung aus.

Epiktet betont in seinem Ausspruch *„Reichtum besteht nicht im Besitz von vielen Dingen, sondern im Verlangen nach wenigen"* nicht nur die passive Meidung von Besitz und Konsum, sondern auch die aktive Anstrengung, weniger zu besitzen. Seine Aussage ruft dazu auf, bewusst nach einem Zustand der Genügsamkeit zu streben und sich von überflüssigen Dingen zu trennen. Dieser aktive Prozess der Entschlackung und Loslösung von materiellem Ballast ermöglicht es uns, wahre innere Freiheit und Zufriedenheit zu erlangen.

Das Gegenteil von Freiheit und Zufriedenheit ist Angst. Angst vor Verlusten. Interessanterweise gewichten Menschen nominal gleichwertige Verluste höher als Zugewinne, auch Verlustaversion genannt. Ein reicher Mensch leidet also unter Verlusten genauso wie ein armer Mensch. Der entscheidende Unterschied liegt darin, dass der Arme weniger materielle Güter besitzt, auf die er aufpassen muss. Dadurch wird es für ihn einfacher, nach einem Verlust wieder an seinen alten Status anzuknüpfen. Der reiche Mensch hingegen mag zwar mehr materiellen Besitz haben, aber das bedeutet auch, dass er mehr zu verlieren hat und stärker unter den Auswirkungen von Verlusten leidet.

Luxus wird irgendwann zur Notwendigkeit und erschafft neue Zwänge. Wenn wir eine gewisse Menge an materiellen Gütern angesammelt haben, dann müssen diese auch verwahrt werden. Das ist bei allen Gütern mit zusätzlichem Geld verbunden. Entweder müssen sie vor dem Verfall und Alter bewahrt werden oder sie müssen vor Diebstahl und Verlust geschützt werden. Je nachdem, um welches Gut es sich handelt, kann dies unterschiedlich komplex und zeitintensiv werden. Schleichend, aber bestimmt kommt der Punkt, an dem die Dinge, die wir glauben zu besitzen, in Wahrheit uns besitzen. Wir haben Autos, Immobilien, Edelmetalle, Schmuck oder Kunst, die wir als Wertgegenstände betrachten. Sie sollen uns als Wertspeicher dienen. Diese Wertspeicher werden aber zu einem eigenen Kostenfaktor und schaffen neue Notwendigkeiten.

> „*Das Unnötige ist, auch wenn es nur einen einzigen Cent kostet, teuer.*“
>
> Seneca

Die Mäßigung und bewusste Beschränkung des materiellen Besitzes, wie von den Stoikern empfohlen, hilft uns, die Verlustaversion zu mildern und uns weniger an äußere Reichtümer zu binden. Ein Reicher, der arm geworden ist, wird immer unglücklicher sein als ein Armer, der nie reich war. Ein bescheidener Lebensstil ermöglicht es uns, unsere Prioritäten zu klären und uns auf die Dinge zu konzentrieren, die wirklich von Bedeutung sind, ohne uns von der Angst vor Verlusten beherrschen zu lassen.

„Stay humble"[22] – bescheiden und demütig zu bleiben, ist einer der Leitsprüche der Bitcoiner, der nichts anderes als die stoische Mäßigung ausdrückt. Die Bitcoiner haben erkannt, dass der heutige übermäßige Konsum nur zu kurzfristigen Freuden führt, jedoch langfristig von innerer Freiheit und Zufriedenheit entfremdet. Diese beiden Gegensätze spiegeln sich in den unterschiedlichen Geldsystemen wider: Das Fiat-Geldsystem fördert den kurzfristigen Konsum durch seinen stetigen Kaufkraftverlust, während Bitcoin als deflationäres Geldsystem fungiert, dessen Geldmenge absolut begrenzt ist und somit eine mit der Zeit steigende Kaufkraft verspricht.

Die Zeitpräferenz spielt dabei eine zentrale Rolle. Im Fiat-Geldsystem, das durch Inflation geprägt ist, werden zukünftige Kaufkraftverluste in Kauf genommen, da der kurzfristige Konsum im Vordergrund steht. Bitcoin hingegen adressiert dieses Phänomen der Zeitpräferenz mit der begrenzten Gesamtmenge von 21 Millionen Einheiten. Diese absolute Knappheit wird einer sich stetig weiterentwickelnden Welt gegenübergestellt. Steigt die Kaufkraft von Bitcoin im Laufe der Zeit, werden diejenigen belohnt, die eine langfristige Perspektive haben und auf einen bescheidenen Lebensstil setzen.

Wie groß der Zeitraum für diese langfristige Perspektive ist, wird die Zukunft zeigen. Bitcoin ist noch relativ jung, im Vergleich zu Gold oder Aktien, und befindet sich noch in der Monetarisierungsphase. Das bedeutet, es fließen heute Gelder aus anderen Anlageklassen in Richtung Bitcoin. Dieser Prozess ist nicht linear und so kommt es noch zu starken Schwankungen. Diese Volatilität sorgt dafür, dass Bitcoin kurzfristig auch Kaufkraftverluste hinnehmen muss. Heute kann man aber auch schon sagen, dass jeder Bitcoin-Sparer nach 4 Jahren eine höhere Kaufkraft hatte, als er dies durch

22 „Stay humble", deutsch: „bleib bescheiden"

Sparen in Dollar oder Euro gehabt hätte. Durch die steigende Monetarisierung werden die Schwankungen abnehmen und der minimale Sparhorizont wird kleiner werden.

Die Entscheidung der Bitcoiner, sich auf langfristige Ziele und Werte zu konzentrieren, anstatt sich von kurzlebigen Verlockungen leiten zu lassen, nennt der Stoiker Mäßigung. Der bewusste Verzicht auf Konsum, um einen Teil des Geldes für später aufbewahren zu können, ist häufig nur der Anfang. Die Erfahrung, dass man mit weniger sehr glücklich sein kann und innere Zufriedenheit findet, ist dann häufig die eigentliche Erkenntnis. Diese neu erlangte Bescheidenheit bestärkt wiederum das Bestreben nach Sparsamkeit. Bitcoin ermutigt einen dazu, seine Zeitpräferenz zu überdenken und eine langfristige Perspektive einzunehmen, um die Früchte seiner Mäßigung und Bescheidenheit zu ernten.

Im klassischen Finanzwesen könnte man Bitcoiner als Sparmeister bezeichnen, was bedeutet, dass sie langfristig denken, während andere oft kurzfristige Befriedigung suchen. Zu „stay humble" gehört für die Bitcoin-Community auch „stack sats[23]!" Bitcoiner sparen fleißig kleine Beträge in Bitcoin an und beobachten, wie diese im Laufe der Zeit wachsen. In der Bitcoin-Community herrscht oft eine ausgeprägte Genügsamkeit. Statt neue Luxusautos zu fahren, sind viele frische Bitcoiner stolze Besitzer klappriger Gebrauchtwagen. Anstelle teurer Designer-Möbel wird zugegeben etwas karikativ überspitzt die Idee vertreten, selbst Stühle und Esstische zu verkaufen, denn man kann genauso gut auf dem Boden sitzen und essen. Diese Gemeinschaft schätzt den Luxus gering und konzentriert sich auf das Hodln[24] von Bitcoin. Obwohl

---

23 Sats (Abkürzung von Satoshis) sind die Untereinheit von Bitcoin. 100.000.000 Sats entsprechen einem Bitcoin.

24 Hodln vom englischen „to hold" ist eine Wortschöpfung und bedeutet nichts anderes als seine Bitcoin langfristig zu behalten.

Außenstehende dies vielleicht seltsam finden, ist sich die Bitcoin-Community bewusst, dass diese kleinen Entbehrungen langfristig von Vorteil sind. Während andere im Moment leben, schauen Bitcoiner mit einem Lächeln in die Zukunft. Der „Stack Sats"-Ansatz mag eigenwillig erscheinen, aber er verleiht Freiheit von materiellem Ballast und ermöglicht es, den eigenen Weg zu gehen. Jeder Cent, der nicht sinnfrei ausgegeben, stattdessen gespart und zum Sats stacken verwendet werden kann, wird gefeiert, während man mit Begeisterung und niedriger Zeitpräferenz an seiner futuristischen Vision arbeitet.

Bei diesem Plädoyer für die Genügsamkeit stellt sich die Frage, ob Reichtum grundsätzlich abzulehnen ist. Die Antwort ist: Nein. Die entscheidende Frage ist, ob man sich davon abhängig macht. Wir können das bei Marc Aurel und Seneca als beispielhafte Stoiker betrachten. Trotz ihres beträchtlichen Wohlstands pflegten sie einen bescheidenen Lebensstil. Aus stoischer Sicht ist Geld kein Übel, das den Charakter verdirbt. Vielmehr wirkt Geld wie eine Lupe, die den Charakter eines Menschen verstärken kann. Wenn ein Mensch von Natur aus genügsam und wohlwollend ist, wird er mit höherem Vermögen wahrscheinlich dazu neigen, dieses für gemeinnützige Zwecke und das Wohl der Gesellschaft einzusetzen. Intrinsische Güte und Großzügigkeit sind unabhängig von äußeren Umständen und spiegeln eine innere Haltung wider, die den Wunsch nach positivem Einfluss auf die Welt zeigt. Im Gegensatz dazu könnte jemand, der aufgrund von äußeren Umständen bescheiden lebt, mit zunehmendem Vermögen aber auch egoistisch und selbstsüchtig sein, sein Geld eher für persönlichen Luxus und eigenen Vorteil verwenden.

Welcher Charakter ist beeindruckender? Ein reicher Mensch, der durch einen extravaganten Lebensstil auffällt, oder ein reicher Mensch, sei es ein Kaiser oder nicht, der auf bescheidenem Fuß lebt, einfache Kleidung trägt, ein altes Auto fährt und in einem einfachen Haus wohnt? Um reiche, aber bescheidene Menschen zu treffen, müssen wir nicht bis zu Marc Aurel zurückgehen. Warren Buffett, Investor und CEO von Berkshire Hathaway, lebt seit 1958 in demselben Haus in Omaha, Nebraska, das er für 31.500 US-Dollar gekauft hat. Jack Dorsey ist der Mitbegründer von Twitter und CEO des Zahlungsdienstleisters Block. Er lebt einen asketischen Lebensstil, isst nur einmal am Tag, fastet an Wochenenden, meditiert regelmäßig und bevorzugt einfache Kleidung. Ingvar Kamprad war der Gründer des schwedischen Möbelherstellers IKEA. Trotz seines Milliardenvermögens fuhr er jahrzehntelang einen alten Volvo und flog Economy-Class. Letztendlich kann der beeindruckendste Charakter in der Ausgewogenheit liegen, in der Fähigkeit, Wohlstand und Bescheidenheit in Einklang zu bringen und gleichermaßen großzügig gegenüber anderen zu sein.

Was gehört eigentlich uns?

Was besitzen wir nur und was ist unser echtes Eigentum? Besitz und Eigentum sind keine Synonyme. Das Wort „Eigentum“ bezieht sich auf das legale Recht, etwas zu nutzen, zu verkaufen oder zu verschenken. Der Eigentümer hat das volle Recht, über das Eigentum zu verfügen, solange er die geltenden Gesetze und Vorschriften einhält. Dagegen bezieht sich der Begriff „Besitz“ auf die momentane physische Kontrolle oder das Halten eines Objekts. Eine Person kann im Besitz eines Gegenstands sein, ohne der rechtmäßige Eigentümer zu sein.

Abgesehen von diesen rechtlichen Definitionen geht der Stoiker weiter und fragt, ob es uneingeschränktes Eigentum überhaupt gibt. Gibt es Dinge in der physischen Welt, die niemand anderer beanspruchen kann? Ein Auto oder ein Haus gehören zweifelsohne nicht dazu. Staatliche Behörden können (unter bestimmten Umständen) auf diese Dinge zugreifen, in Besitz nehmen und enteignen. Auch das Geld auf dem Bankkonto darf nicht als Eigentum betrachtet werden. Technisch gesehen ist es als vergebener Kredit im Besitz der Bank, und der Kontoinhaber hat lediglich Anspruch auf eine Auszahlung des Geldes innerhalb bestimmter Fristen. Erst wenn wir zwischen den Dingen im Außen und im Innen unterscheiden, können wir von Besitz und Eigentum sprechen. Die Dinge im Außen können wir besitzen, aber Eigentümer sind wir nur von den Dingen im Inneren. Alles im Außen ist nur geliehen und spätestens mit dem Tod muss es wieder zurückgegeben werden. Umso wertvoller sind aber die Dinge im Inneren: unsere Gefühle, unsere Gedanken und unser Charakter. Daher legen die Stoiker einen so großen Wert auf die Achtsamkeit der Gedanken, auf die Entwicklung des Charakters und plädieren dafür, bewusst mit seinen Gefühlen umzugehen. Warum sollte man negative Gefühle aufnehmen, wenn man auch kein kaputtes Auto kaufen würde?

Auch Dinge wie die Vergangenheit und Zukunft gehören nicht uns. Die Vergangenheit ist unwiederbringlich verstrichen und nicht mehr greifbar. Die Zukunft bleibt unsicher und ungewiss. Die einzige Zeit, die wir in Besitz nehmen können, ist der aktuelle Moment. Wir können den Moment aber nicht festhalten, er verfliegt und wird vom nächsten Moment abgelöst. Jeder neue Moment ist ein Geschenk der Zukunft, das wir uns leihen und wieder an die Vergangenheit abgeben. Das Wort „Präsent“ zeigt dies eindeutig in seiner Doppeldeutigkeit. Ein Präsent kann ein Geschenk sein und gleichzeitig als zeitliche Beschreibung für das Hier und Jetzt dienen. Das Hier und Jetzt ist ein Geschenk und es gehört dir. Du hast die Fähigkeit zu entscheiden, wie du jeden einzelnen Moment wahrnimmst und ob du diesen Moment bewusst nutzt oder unbewusst vergehen lässt. Du kannst deine Gedanken und Handlungen jetzt steuern. Vergangene Gedanken sind nicht änderbar, zukünftige Handlungen sind ungewiss.

Bitcoin fügt sich in dieses Bild auf beeindruckende Weise ein und verändert die Art und Weise, wie wir mit Vermögenswerten und Besitz umgehen. Mit 12 bis 24 Wörtern (welche aneinandergereiht quasi das Passwort zu deinem Bitcoin-Tresor darstellen) ist man in der Lage, ein beliebig großes Vermögen zu kontrollieren. Mathematik garantiert die Verfügbarkeit von Werten. Diese Werte stehen dem Eigentümer zu jeder Zeit an jedem Ort zur Verfügung. Der kryptographisch verschlüsselte Zugang unterliegt keinem Verfallsdatum und ist nicht von wirtschaftlichen oder politischen Entscheidungen einer dritten Partei abhängig. Erst wenn man die 12 oder 24 Wörter in die physische Welt überführt, verlässt man die digitale Autonomie und macht sich angreifbar. Egal in welcher physischen Form die Wörter gespeichert werden, die physische Form ist angreifbar und könnte von einer anderen Person in Besitz genommen werden.

Indem Bitcoin die konventionellen Grenzen des Besitzes und der Autonomie herausfordert, eröffnet er der Menschheit eine neue Sphäre des wahrhaften Eigentums, die jenseits der materiellen Welt liegt. Seine reine Existenz birgt das Potenzial einer tiefgreifenden, philosophischen Neubetrachtung des menschlichen Eigentums.

Freiheit beginnt im Kopf

„Das Glück deines Lebens hängt von der Beschaffenheit deiner Gedanken ab."
Marcus Aurelius

Aus stoischer Sicht ist die Freiheit mehr als nur das Fehlen von äußeren Zwängen. Sie ist ein innerer Zustand, der durch die bewusste Kontrolle unserer Gedanken, Einstellungen und Handlungen erreicht wird. Äußere Faktoren wie Besitz, sozialer Status oder Macht sind unbedeutend für die wahre Freiheit, da diese Dinge außerhalb unserer Kontrolle liegen. Stattdessen liegt die wahre Freiheit darin, die Herrschaft über unser inneres Selbst zu erlangen und unsere Reaktionen auf äußere Ereignisse zu gestalten. Die Macht, unsere Gedanken und Überzeugungen zu lenken, liegt in unseren eigenen Händen. Die äußere Welt liegt nicht in unserem Einflussbereich. Wie wir darauf reagieren, jedoch schon. Indem wir unsere inneren Haltungen und Handlungen beherrschen, erlangen wir Unabhängigkeit von äußeren Gegebenheiten und erreichen dadurch eine Form von geistiger Freiheit.

Ein wichtiger Aspekt der Freiheit ist das Leben im Einklang mit der Natur der Dinge und der Vernunft. Dies bedeutet, seine eigenen Wünsche und Begierden zu kontrollieren und stattdessen nach dem zu streben, was vernünftig und moralisch richtig ist. Indem wir uns von übermäßigem Verlangen und impulsiven Reaktionen befreien, erlangen wir Freiheit, die nicht von äußeren Umständen abhängig ist.

„Ich erlitt schon Schiffbruch, bevor ich auch nur an Bord gegangen war ... Die Reise zeigte mir, wie viel von dem, was wir haben, unnötig ist und wie schnell wir uns

entschließen können, uns von diesen Dingen zu trennen, wenn die Umstände es verlangen, ohne je an dem Verlust zu leiden.“

Seneca

In der stoischen Philosophie ist die Vorstellung des Schiffbruchs eine Metapher für die Unbeständigkeit und Vergänglichkeit des Lebens. Ähnlich wie auf einem Schiff, das auf hoher See unvorhersehbaren Stürmen ausgesetzt ist, sind auch wir im Leben mit ungewissen und herausfordernden Umständen konfrontiert. Seneca betont jedoch, dass der wirkliche Schiffbruch nicht im physischen Untergang eines Schiffs besteht, sondern in der Überbewertung materieller Besitztümer und der Abhängigkeit von äußeren Umständen. Für Seneca ist der Weg in die Freiheit eng mit der Erkenntnis verbunden, wie wenig von dem, was wir besitzen, tatsächlich notwendig ist. Er stellt fest, dass die Reise, die er unternommen hat, ihm gezeigt hat, wie leicht es ist, sich von materiellen Dingen zu trennen, wenn die Umstände es erfordern, ohne dass dies einen schmerzlichen Verlust bedeutet. Diese Erkenntnis führt zu einer inneren Freiheit, da sie uns davon befreit, an äußeren Besitztümern oder äußeren Umständen zu hängen.

Aus stoischer Sicht ist die Freiheit eng mit der Fähigkeit verbunden, unsere Einstellungen und Reaktionen auf äußere Ereignisse zu kontrollieren. Indem wir uns von überflüssigen Dingen und unnötigem Ballast trennen, befreien wir uns von der Abhängigkeit von äußeren Umständen und gelangen zu einer inneren Freiheit, die es uns ermöglicht, gelassen und unerschütterlich inmitten der Stürme des Lebens zu sein. In diesem Sinne lehrt uns Seneca, dass der wahre Schiffbruch im Festhalten an den falschen Dingen liegt, während die wahre

Freiheit darin besteht, loszulassen und uns auf das zu konzentrieren, was wirklich zählt.

Auch ein Bitcoiner begibt sich auf eine Reise, die ihn nicht selten vor große Herausforderungen stellt, die vergleichbar mit einem Schiffbruch sind. Diese Reise beginnt oft mit dem Hinterfragen des bestehenden Geldsystems und dem Erkennen seiner zahlreichen Probleme. Dieser Prozess kann zunächst belastend sein, da er das Infragestellen von tief verwurzelten Glaubenssätzen erfordert. Es kann eine Zeit der Verunsicherung und des Zweifels geben.

Jedoch geht dieser anfängliche Schiffbruch für den Bitcoiner oft Hand in Hand mit der Erkenntnis, dass der Bitcoin eine Lösung für die bestehenden Probleme bietet. Dies ist ein entscheidender Moment auf seiner Reise. Der Bitcoin ermöglicht es ihm, das Rettungsboot in Form einer dezentralen, nicht manipulierbaren Währung bereitzuhalten. Diese Erkenntnis kann eine enorme Befreiung für den Bitcoiner bedeuten.

Aber nicht nur vom mentalen Schiffsbruch, auch vom physischen Schiffsbruch wird von Bitcoinern immer wieder berichtet. So geht man heute davon aus, dass viele Bitcoin bei Schiffsunglücken verloren gegangen sind, weil ihre Besitzer ihre Hardware-Wallets im Strom eines Flusses oder in den Tiefen der Meere verloren haben. Ob diese Bootsunfälle reine Geschichten sind, damit man nicht erpressbar ist oder sich vor einer Konfiszierung durch den Staat schützt, lässt sich meistens nicht klären. Offiziell sind diese Bitcoin jedenfalls für immer verloren und der „Bootsunfall" ist zu einem bekannten Meme geworden. Wie Seneca sagte, kann der Schiffbruch auch als Chance gesehen werden, um zu lernen, zu wachsen und sich auf das zu konzentrieren, was wirklich von Bedeutung ist. Es ist ein Teil des Abenteuers, der dazu beiträgt, die eigene

Entschlossenheit zu stärken und die Freiheit, die der Bitcoin bietet, in ihrer vollen Bedeutung zu erkennen.

Der Wert unserer Tage

„Ich sage, lass niemanden auch nur einen Tag von mir rauben, der mich nicht für den Verlust voll entlohnt."
Seneca

Unsere Lebenszeit ist ein kostbares Gut, von dem jeder nur eine begrenzte Menge besitzt. Jeder Tag, der verstreicht, bedeutet eine Verringerung dieser wertvollen Ressource. Zeit ist endlich und unwiederbringlich. Selbst der vermeintlich reichste Mensch der Welt kann mit all seinem Reichtum keine zusätzliche Lebenszeit erwerben. Trotz dieser Tatsachen gehen wir häufig sorglos mit diesem kostbaren Gut um.

Es ist eine bemerkenswerte Paradoxie unserer Gesellschaft, dass Menschen mehr Wert auf materiellen Wohlstand legen als auf die Lebenszeit. Wir erlauben anderen, unsere Zeit mit sinnlosen Tätigkeiten zu verschwenden, ohne die Begrenztheit dieses wertvollen Vermögens zu schätzen. Dieser Wandel zum Materiellen hat eine bemerkenswerte Dynamik erreicht. Während viele Menschen einen zweiten oder dritten Job benötigen, um ihre Rechnungen zu bezahlen, gehen andere sogar freiwillig in den Nebenjob, um die Raten für das Eigenheim finanzieren zu können, während sie zwei Urlaubsreisen im Jahr und drei Streamingdienste bezahlen.

Um dann doch ein paar Euro sparen zu können, werden beträchtliche Entfernungen zurückgelegt, um günstigere Einkäufe zu tätigen. Dabei werden nicht nur die Benzinkosten häufig außer Acht gelassen, sondern vor allem auch die wertvolle investierte Zeit ignoriert. Offenbar neigen wir dazu, den

Fokus auf die unmittelbaren Kosten zu legen, während der immaterielle Wert unserer Zeit unterschätzt wird.

Woher kommt diese Diskrepanz?

Das Geld auf unserem Konto ist sichtbar in Zahlen ausgedrückt, und über den Preis von Waren und Dienstleistungen erhält es eine bewertende Dimension. Im Gegensatz dazu bleibt unsere Lebenszeit unsichtbar. Es existiert kein „Preisschild" für die Zeit, die wir auf dieser Erde verbringen. Diese Unsichtbarkeit der Zeit veranlasst uns oft dazu, ihren Wert zu unterschätzen. In dem Film „In Time" wird dieses Konzept eindrucksvoll dargestellt, indem Zeit als vorherrschendes Zahlungsmittel fungiert. Die Menschen tragen eine Anzeige auf ihrem Arm, die ihre verbleibende Lebenszeit visualisiert. Diese ständige Erinnerung macht ihnen die Kostbarkeit ihrer Zeit bewusst.

Wenn „Zeit ist Geld" stimmt, dann gilt auch „Geld ist Zeit". Um Geld zu erlangen, investieren wir Zeit, schaffen ein wirtschaftlich handelbares Gut und tauschen es gegen Geld. Mit diesem Geld können wir Dinge erwerben, die wir selbst nicht in angemessener Zeit oder Qualität produzieren können. Die Zeitersparnis fungiert hier als wesentlicher Anreiz für Handel und Austausch. Theoretisch könnte jeder Mensch alles, was er zum Überleben benötigt, selbst herstellen. Doch durch Spezialisierung und Handel können Menschen schneller und/oder besser bestimmte Güter produzieren. Sie schaffen einen Überschuss des Gutes und tauschen es mit anderen gegen deren Überschüsse. In diesem Tauschprozess profitieren beide Seiten, indem sie mehr Wohlstand mit einem geringeren Zeitaufwand erlangen. Unser wirtschaftliches Handeln wird intrinsisch motiviert von dem Bestreben, mehr Wohlstand in kürzerer Zeit zu erreichen.

Warum gehen viele Menschen dennoch sorglos mit ihrer Zeit um?

Es ist von enormer Bedeutung, Geld als zentralen Anker und Steuerrad unserer Gesellschaft zu begreifen. Im Gegensatz zur direkten Tauschmöglichkeit von Lebenszeit gegen Güter benötigen wir eine Substitution, nämlich Geld. Geld erfüllt nicht nur die Funktion des Tauschmittels, sondern dient auch dazu, Lebenszeit und Kaufkraft in die Zukunft zu übertragen. Wenn Geld diese Rolle nicht mehr erfüllen kann, wird es schwierig, eine solide Altersvorsorge aufzubauen. In solchen Fällen müssen alternative Vermögenswerte wie Immobilien oder Aktien in Betracht gezogen werden. Diese Alternativen sind aber immer risikobehaftet. Aktien unterliegen Kursschwankungen und den Auswirkungen von Managerentscheidungen. Immobilien müssen gepflegt werden, bilden einen Vermögensklumpen und sind sehr illiquide. Gutes Geld ist und bleibt die erste Wahl für den Vermögenstransfer durch Raum und Zeit.

Eine vitale Gesellschaft bedarf eines stabilen Geldes. Wenn wir mitansehen müssen, wie unser hart erarbeitetes und gespartes Geld an Wert verliert, entspricht dies einem Verlust an Lebenszeit. Die Zeit, die wir in der Vergangenheit investiert haben, um Güter zu schaffen, soll heute weniger wert sein? Im Gegenteil. Wenn wir jetzt bereit sind, Lebenszeit zu investieren, um Güter zu produzieren und den Ertrag in eine oft unsichere Zukunft zu übertragen, hat das einen erheblichen Mehrwert. Wir schaffen heute bereits einen Nutzen für die Gesellschaft, den wir erst in der Zukunft wieder beanspruchen. Wir gehen in Vorleistung der Gesellschaft gegenüber. Da jedes Individuum Teil der Gesellschaft ist, gilt diese Regel bei jedem wirtschaftlichen Handel, auch wenn der Handel nur zwischen zwei Personen stattfindet.

Nur ein stabiles Geld kann dies gewährleisten. Keine Rentenversicherung, kein Aktiensparplan, kein Staat kann eine solche Garantie bieten. Nur ein hartes Geld. Haben wir dieses Geld nicht als Fundament für den gesellschaftlichen Austausch, so erodiert mit dem Geld unsere Wertschätzung für unsere Lebenszeit. Mit einem stabilen, werthaltigen Geld kann auch die Wertschätzung unserer Lebenszeit wieder wachsen und gesunden.

Diese Wertschätzung unserer Lebenszeit will Seneca entlohnt wissen. So ist es nicht verwunderlich, dass die Stoiker uns immer wieder ermahnen, die Zeit auf Erden nach bestem Wissen und Gewissen zu nutzen, um ein guter Mensch zu sein. Wenn wir am Ende unserer Tage auf unser Leben zurückblicken, was wollen wir da sehen? Ein Konto voller Geld? Ein großes Haus? Ein Regal voller Bücher? Erinnerungen an einen eintönigen Job? Oder wollen wir sagen können, dass wir alles dafür getan haben, dass die Welt nach unserem Tod ein Stück besser geworden ist, als sie am Tag unserer Geburt war? Denn sonst *„hat ein alter Mann außer seinem Alter nichts anderes für sein langes Leben vorzuweisen."* (Seneca)

Die Gratwanderung mit dem Ego

> *„Und hier über dem Portal meiner Festung werde ich das Wort, welches mein Leuchtfeuer und mein Banner sein wird, in Stein meißeln."*
>
> Ayn Rands Prometheus in „Hymne"

Das Leben gleicht einer Gratwanderung. Wir stehen ständig zwischen der Frage: „Ist das gut für unsere Gesellschaft?" und „Wie sorgen wir für unser eigenes Wohl?" Marc Aurel würde uns daran erinnern: „Was nicht gut für den Bienenstock ist, ist auch nicht gut für die Biene.“ Doch wir Menschen sind keine Bienen. Wir sind eigenständige Individuen, die kreative Visionen entwickeln, eigene Gedanken hegen und diese verwirklichen. Wie im Flugzeug, wenn wir uns zuerst selbst die Atemmaske aufsetzen, bevor wir anderen helfen, müssen wir uns selbst stärken, um für andere da zu sein. Stets balancieren wir zwischen den Polen: „Ich bin etwas Besonderes“ und „Ich bin ein kleiner Teil des Kosmos.“

In den Gesellschaftsformen, die wir heute kennen, etwa der Demokratie, tendieren wir dazu zu sagen: „Du bist ein Teil des Ganzen, ordne dich der Mehrheit unter.“ Alle vier Jahre bestatten wir unsere Stimme, indem wir sie in eine Urne werfen, und hoffen dann, dass der „Wille“ der Mehrheit gute Lösungen hervorbringt. Doch häufig genug führt das „Gemeinwohl“ zu einer Einschränkung unserer Individualität. Gerade in solchen Momenten wird das Ego wichtiger denn je.

In der Gesellschaft und Literatur wird oft empfohlen: „Töte dein Ego.“ Doch ist das wirklich ein guter Ratschlag? Um Arroganz und Eigensinnigkeit zu vermeiden, mag diese Empfehlung sinnvoll erscheinen. Doch sie birgt die Gefahr, uns in jene dystopischen Welten zu führen, wie sie von Ayn Rand, George Orwell oder Aldous Huxley eindringlich beschrieben wurden. Unsere Aufgabe lautet vielmehr: Sei selbstbewusst und individuell, aber verliere dabei nicht den Blick für deine Umwelt, Familie oder Gesellschaft. Wie aber finden wir den Punkt, an dem wir stabil stehen und weder zur einen noch zur anderen Seite schwanken, und welche Rolle spielt das Ego dabei?

Der erste Schritt besteht darin, den eigenen Standpunkt zu erkennen und zu verstehen. Das klingt banal, ist jedoch eine große Herausforderung. Wir sind es gewohnt, dass die Welt für uns bewertet und vorsortiert. Nahrungsmittel werden nach ihrem Nährwert beurteilt, Autos nach Fahrverhalten und Benzinverbrauch, Immobilien nach Lage und Zustand. Unternehmen werden an ihrem Kurs-Gewinn-Verhältnis, Cashflow oder ihrem sozialen und ökologischen Verhalten gemessen. Aber wie sieht es bei uns aus?

In der Schule erhalten wir Noten. Für unseren beruflichen Fortschritt ist es unser Ziel, möglichst gute Noten zu bekommen. Häufig jedoch spiegelt die Bewertung eher subjektive Einschätzungen von Lehrern oder Dozenten wider, wodurch individuelle Leistungen nicht immer objektiv erfasst werden. Also passen wir uns an, verbiegen uns, um in den Augen einer fremden Person „gut" zu sein. Mit diesen guten Noten setzen wir unsere Ausbildung fort, gehen in die Arbeitswelt und verdienen Geld. Zu Beginn unserer Karriere werden wir oft stark durch das definiert, was wir gelernt oder studiert haben. Aber sind wir wirklich das, was auf unserem Zeugnis steht? Sind wir „Kauffrau", „Ingenieur", „Bäcker" oder „Ärztin"? Oder sind wir nicht vielmehr Menschen, die handeln, erfinden, backen und heilen?

Ein Titel verleitet uns oft dazu, uns Kompetenzen anzumaßen, die wir vielleicht gar nicht besitzen. Wir nennen es eine abgeschlossene Ausbildung oder ein Studium mit Abschluss. Doch in Wahrheit ist dies nur der Anfang einer langen Reise der Erkenntnis und Erfahrung. Ein Titel sagt wenig über unser Wissen und gar nichts über unsere Erfahrung aus. Dies bei anderen zu erkennen, fällt uns oft leicht. Doch es bei uns selbst zu sehen, ist eine große Aufgabe.

Bitcoin kann dabei ein Auslöser und Wegbegleiter auf unserer Reise der Selbsterkenntnis sein. Um Bitcoin tiefgreifend zu verstehen, müssen wir uns mit vielen verschiedenen Fachbereichen auseinandersetzen. Möglicherweise müssen sogar noch neue Bereiche entdeckt werden, um Bitcoin vollständig zu erfassen. Besonders für uns, die wir uns mit Finanzen, Ökonomie und Informationstechnik beschäftigen, stellt dies eine Herausforderung dar. Oft glauben sie aufgrund ihrer Titel bereits alles zu wissen. Doch wie die Geschichte lehrt, kann eine Technologie die Welt völlig auf den Kopf stellen. Und wenn diese Technologie direkt vor einem steht, erkennt man manchmal den Wald vor lauter Bäumen nicht mehr. Bitcoin fordert uns dazu auf, wachsam und wissbegierig zu bleiben. Das sogenannte „Bitcoin-Rabbit-Hole" ist so tief, dass wir jeden Tag Neues entdecken können – sofern wir uns darauf einlassen. Diese Demut gegenüber dem Wissen und der eigenen Unwissenheit ist eine essenzielle Lektion, die uns alle auf unserer Bitcoin-Reise begleitet.

Das wahrscheinlich größte Hindernis, um Bitcoin zu verstehen, ist nicht mangelnde Intelligenz – sondern das Ego. Wir müssen vertraute Dinge neu bewerten und anerkennen, dass wir uns irren können. Wir müssen eventuell zugeben, dass wir uns geirrt haben. Diese Einsicht zeigt uns, dass wir selbst in unserem Fachgebiet nicht alles wissen und Perfektion oft nur ein trügerisches Ideal ist. Aber muss man denn perfekt sein? Muss man auf alles eine Antwort haben? Muss man zu allem eine Meinung haben? Nein. Wahre Größe zeigt sich darin, wenn jemand sagen kann: „Das weiß ich nicht."

Perfektion ist nicht das Ziel. Marc Aurel beschreibt in seinen Selbstbetrachtungen, dass er dankbar dafür ist, nicht der größte Redner oder Dichter zu sein. Denn er hat erkannt, dass es gefährlich sein kann, in etwas der Beste zu sein, da man dadurch andere Aspekte außer Acht lassen könnte. Es geht darum, gut in dem zu sein, was man tut, aber nicht die Perfektion anzustreben. Perfektion bleibt ein unerreichbares Ideal, dessen Preis selten im Verhältnis zum Nutzen steht. Wir müssen nicht alles wissen oder können, sondern können uns gegenseitig unterstützen und voneinander lernen.

Bitcoin ist nicht in jedem Bereich die optimale Lösung. Andere Systeme mögen schneller oder skalierbarer sein. Doch Bitcoin ist in seiner Gesamtheit robust und vielseitig. Second-Layer-Lösungen adressieren bestehende Herausforderungen, ohne den Kern von Bitcoin zu kompromittieren. Es zeigt, dass Perfektion in einem Bereich oft Schwächen in anderen nach sich ziehen würde. Marc Aurel ist dieser Unvollkommenheit sogar dankbar!

Das Ego ist für viele sowohl ein Hindernis, Bitcoin zu verstehen, als auch der Antrieb, es zu begreifen. Ohne das Ego, das uns antreibt, herausragende Dinge zu schaffen und neue Ideen zu entwickeln, würden wir einfach annehmen, dass die Masse mit ihrer Meinung über Bitcoin recht hat. In den ersten 10 bis 15 Jahren lautete die vorherrschende Meinung zu Bitcoin: „Bitcoin ist ein Betrug", „Bitcoin ist Energieverschwendung" oder „Bitcoin ist Geld für Kriminelle." Doch was hat einige dazu bewegt, dieser vorherrschenden Meinung zu widersprechen und das Thema genauer zu untersuchen? Es war das Ego – der Antrieb, sich eine eigene Meinung zu bilden, Sachverhalte zu hinterfragen und Neues zu entdecken, selbst wenn man damit alleinsteht.

Das Ego ist unser Antrieb, aus der breiigen Masse der Gleichheit hervorzutreten und ein Individuum zu sein. Dieser „Brei der Masse", oft beschönigend als das „höhere Gut" oder „deine Brüder" bezeichnet, wurde in der Literatur immer wieder kritisch beleuchtet. Werke wie die von Ayn Rand oder George Orwell zeigen, wie diese Idealisierung dazu benutzt werden kann, das Individuum zu unterdrücken. Ayn Rand stellt in ihrem Werk „Hymne" dem Ego ein Denkmal auf – und das ist auch gut so. Das Ego hilft uns, unseren eigenen Weg zu gehen, unsere Persönlichkeit zu entfalten und unsere Einzigartigkeit zu bewahren. Wir sollten das Ego wieder mehr wertschätzen, es aber stets im Blick behalten.

Ein gesundes Ego bedeutet, sich nicht als etwas Besseres als andere zu empfinden, aber sich auch nicht unterdrücken zu lassen. Dieser schmale Grat ist schwer zu bewältigen. Wir müssen unsere Individualität bewahren und gleichzeitig Respekt sowie Demut gegenüber anderen zeigen. Das Ego fordert uns heraus, lässt uns wachsen und stärkt unsere Wachsamkeit. Es ist keine Lösung, das Ego zu verdrängen oder zu unterdrücken. Es ist ein Teil von uns, den wir akzeptieren und annehmen müssen. Das Ego ist nicht unser Feind, sondern unser allgegenwärtiger Trainingspartner. Wir können allein am Boxsack trainieren, unsere Kraft, Schnelligkeit und Technik verbessern. Aber ohne einen echten Gegner werden wir nie lernen, Schläge von außen abzuwehren. Unser Ego ist dieser ständige Gegner, der jede Lücke in unserer Verteidigung erkennt und sie gnadenlos nutzt. Wir müssen stets wachsam bleiben, wenn wir keine Treffer kassieren möchten, denn jede Unkonzentriertheit wird vom Ego ausgenutzt und verpasst uns ein blaues Auge. Wir sollten dankbar sein für diesen wachsamen und unermüdlichen Sparringspartner.

Das Ego ist ein Teil von uns, das uns dabei hilft, die Balance zwischen Individualität und Gemeinschaft zu finden. Bitcoin zeigt uns, wie wir die Balance zwischen Individualität und Gemeinschaft immer wieder neu finden können. Und verdeutlicht dabei, dass Unvollkommenheit nicht Schwäche, sondern eine Chance für Wachstum ist. Indem wir uns unseren eigenen Schwächen und unserem Ego stellen, werden wir zu besseren Individuen und tragen damit auch zu einer besseren Welt bei. Das Ego ist unser innerer Motor, unser Lehrer und unser ständiger Begleiter auf dieser Reise. Nutzen wir es mit Bedacht und Dankbarkeit.

Der Seneca-Effekt

„Es wächst langsam, was ich aufbaue; es stürzt schnell ein.“
Seneca

In unserer komplexen Welt erleben wir tagtäglich die Dynamik von Wachstum und Verfall. Seneca erkannte dieses Phänomen bereits in der Antike, als er diese Worte in einem seiner berühmten Briefe schrieb. Diese Erkenntnis wird heute als der Seneca-Effekt bezeichnet. Der Begriff beschreibt das Phänomen, dass der Aufbau von komplexen Systemen oft schleppend und mühsam erfolgt, während ihr Zusammenbruch überraschend schnell und dramatisch sein kann. Seneca spricht eine tiefe Wahrheit über das Leben aus – eine Wahrheit, die sich auf die unterschiedlichsten Bereiche anwenden lässt: die Wirtschaft, die Natur, die Technologie und sogar das persönliche Leben.

Der Seneca-Effekt basiert auf der Idee, dass viele Systeme, ob wirtschaftlich, ökologisch oder sozial, über stabile Rückkopplungsschleifen verfügen, die ihren Aufbau regulieren. Diese Schleifen sorgen dafür, dass der Aufbau oft langsam und kontrolliert vonstattengeht. Der Fortschritt in diesen Systemen ist graduell und beständig wie der langsame Wuchs eines Waldes oder der mühsame Aufbau von Wohlstand. Doch diese scheinbare Stabilität ist trügerisch. Denn sobald ein störendes Element in das System eindringt – sei es eine Krise, ein externer Schock oder interne Fehlfunktionen – kann das fragile Gleichgewicht ins Wanken geraten. Der Kollaps erfolgt dann oft nicht linear, sondern exponentiell. Ein kleiner Auslöser kann wie ein Funke wirken, der einen unkontrollierbaren Brand auslöst. Dies führt dazu, dass das, was über Jahre oder

Jahrzehnte aufgebaut wurde, in kürzester Zeit zerstört wird. Der Seneca-Effekt ist ein asymmetrischer Prozess, bei dem der Zusammenbruch sehr viel schneller geschieht als der Aufbau, ist die Essenz des Seneca-Effekts.

Der Seneca-Effekt lässt sich in vielen Beispielen erkennen. Nehmen wir etwa die Finanzmärkte: Das Wirtschaftswachstum eines Landes oder eines Unternehmens kann Jahre oder sogar Jahrzehnte in Anspruch nehmen, sorgfältig aufgebaut durch Investitionen, Innovation und Disziplin. Doch eine plötzliche Finanzkrise, ausgelöst durch eine kleine Marktstörung oder ein unerwartetes globales Ereignis, kann den gesamten Fortschritt in wenigen Tagen oder Wochen zunichtemachen.

Ein Wald wächst über Jahrzehnte, indem er sich langsam entwickelt, Wurzeln schlägt und ein komplexes Netzwerk von Flora und Fauna schafft. Doch ein einziger Funke, ein Waldbrand, kann diese mühsame Arbeit in wenigen Stunden in Asche verwandeln.

Seneca erkannte, dass der Seneca-Effekt nicht nur ein Phänomen ist, das in der äußeren Welt stattfindet, sondern auch tiefe philosophische Implikationen für das menschliche Leben hat. Die Vergänglichkeit des Lebens und der Werke des Menschen waren zentrale Themen seiner Überlegungen. Nichts, so lehrte Seneca, ist von Dauer. Erfolg, Wohlstand, Macht – all diese Dinge benötigen Zeit, um aufgebaut zu werden, doch sie können durch unvorhergesehene Ereignisse oder Katastrophen schnell zerstört werden.

Was können wir also aus dem Seneca-Effekt lernen? Zum einen sollten wir uns stets bewusst sein, dass nichts in der Welt garantiert ist. Der langsame, stetige Aufbau von Erfolg und Wohlstand ist wertvoll, aber ebenso verletzlich. Es ist wichtig, die Stabilität von Systemen nicht für selbstverständlich zu halten und immer auf mögliche Störungen oder Krisen vorbereitet zu sein.

Zum anderen zeigt uns der Seneca-Effekt die Bedeutung der Anpassungsfähigkeit. Der Zusammenbruch eines Systems mag schnell und unerwartet kommen, doch ebenso schnell müssen wir in der Lage sein, uns neu auszurichten. Flexibilität und Resilienz, zwei zentrale Lehren der stoischen Philosophie, sind in solchen Momenten von entscheidender Bedeutung.

Schließlich erinnert uns der Seneca-Effekt daran, dass der Weg zu Wohlstand, Erfolg und Wachstum oft ein langsamer, mühevoller Prozess ist. Doch es ist dieser Prozess, der den Wert dessen, was wir erschaffen, ausmacht. Selbst wenn der Zusammenbruch unvermeidbar scheint, ist es die stoische Gelassenheit und Weisheit, die uns hilft, den Kreislauf von Aufbau und Verfall zu akzeptieren – und weiterzumachen.

Indem wir uns auf diese Weise dem Seneca-Effekt stellen, lernen wir nicht nur, wie wir uns auf den Zusammenbruch von Systemen vorbereiten können, sondern auch, wie wir inmitten dieser Unbeständigkeit dennoch innere Stabilität und Ruhe finden können.

Ist Bitcoin immun gegen den Seneca-Effekt? Der Seneca-Effekt zeigt uns, wie verletzlich viele komplexe Systeme gegenüber plötzlichen Zusammenbrüchen sind. Doch es gibt Systeme, die gezielt so gestaltet wurden, um sich dieser Art von Verwundbarkeit zu entziehen. Bitcoin ist ein solches System. Im Gegensatz zu traditionellen, zentralisierten Strukturen, die leicht durch ein einziges Ereignis destabilisiert werden können, ist Bitcoin bewusst dezentral, elektronisch und als Open Source aufgebaut, um maximale Widerstandsfähigkeit zu gewährleisten.

Bitcoin unterscheidet sich von vielen herkömmlichen Finanzsystemen, bei denen zentrale Instanzen oder

Serverfarmen das Herzstück der Infrastruktur bilden. Solche zentralisierten Strukturen sind anfällig für Störungen – ein Angriff, ein Systemfehler oder eine Naturkatastrophe könnte sie leicht lahmlegen und einen massiven Zusammenbruch auslösen, ganz im Sinne des Seneca-Effekts. Bitcoin hingegen ist darauf ausgelegt, ohne eine zentrale Instanz zu funktionieren. Es gibt keinen einzelnen Punkt des Versagens. Die Bitcoin-Nodes und Miner sind auf der ganzen Welt verteilt. Diese Dezentralisierung sorgt dafür, dass es keine zentrale Schwachstelle gibt, die durch ein einziges Ereignis zerstört werden könnte.

Ein weiterer entscheidender Vorteil von Bitcoin ist seine Unabhängigkeit von der physischen Welt. Während traditionelle Werte und Infrastrukturen oft durch physische Ereignisse bedroht werden – sei es durch Kriege, Naturkatastrophen oder staatliche Eingriffe – ist Bitcoin rein digital. Es existiert als Netzwerk und als Softwareprotokoll im virtuellen Raum. Die materielle Welt mit all ihren Unwägbarkeiten kann Bitcoin somit nichts anhaben.

Ein entscheidender Faktor ist, dass Bitcoin Open Source ist. Das bedeutet, dass jeder auf der Welt den Code einsehen, überprüfen und Verbesserungsvorschläge einreichen kann. Diese Transparenz hat dazu geführt, dass Bitcoin über die Jahre hinweg zahlreichen Angriffen standgehalten hat. Hacker und andere Akteure haben immer wieder versucht, Schwachstellen in der Software zu finden und auszunutzen. Doch bis heute hat sich das System als bemerkenswert robust erwiesen. Jeder Tag, an dem Bitcoin weiterhin erfolgreich funktioniert, verringert die Wahrscheinlichkeit, dass es noch unentdeckte, kritische Fehler gibt, die zu einem Zusammenbruch führen könnten.

In gewisser Weise steht Bitcoin im Gegensatz zu den typischen Beispielen des Seneca-Effekts. Während viele komplexe

Systeme mit der Zeit anfälliger werden, scheint Bitcoin durch seine dezentrale, digitale und transparente Natur mit jedem Tag, der vergeht, widerstandsfähiger zu werden. Statt eines langsamen Aufbaus, gefolgt von einem schnellen Kollaps, hat Bitcoin sich als ein System erwiesen, das durch die Zeit gestärkt wird.

Dies ist ein entscheidender Unterschied zum Fiat-System. Historisch kennen wir nicht ein einziges Beispiel einer Fiat-Währung, die mehrere Generationen überlebt und dabei ihren Wert erhalten hat. Das zeigt, warum es so wichtig ist, dass Bitcoin von vornherein als dezentral, elektronisch und Open Source konzipiert wurde. Diese Eigenschaften schützen es vor den plötzlichen Zusammenbrüchen, die so viele andere Systeme bedrohen. Bitcoin verkörpert damit eine Form von Resilienz, die ihn in einer Welt, die von ständigen Veränderungen und Risiken geprägt ist, besonders wertvoll macht.

Einfach. Schön.

> *„Du bist nicht dein Körper und deine Frisur, sondern die Fähigkeit, richtig zu entscheiden. Wenn deine Entscheidungen schön sind, wirst du es auch sein.“*
>
> Epiktet

Im stoischen Sinne wird Schönheit nicht nur auf äußerliche Erscheinungen reduziert, sondern umfasst eine tiefere Bedeutung, die eng mit der Einfachheit und der inneren Haltung eines Menschen verknüpft ist. Für die Stoiker besteht wahre Schönheit in der Harmonie zwischen dem äußeren Ausdruck und der inneren Wahrheit eines Individuums. Einfachheit spielt dabei eine entscheidende Rolle, da sie grundlegend ist, um die Schönheit der Seele zu entfalten. Ein einfaches und bescheidenes Leben trägt dazu bei, den Geist zu beruhigen und das wahre Selbst zu erkennen. Durch die Befreiung von unnötigem Verlangen und materiellen Bindungen kann man sich auf das Wesentliche konzentrieren und inneren Frieden finden.

Die stoische Einfachheit erstreckt sich nicht nur auf die äußere Lebensführung, sondern auch auf die innere Haltung. Es geht darum, sich nicht von äußeren Umständen oder äußerem Ruhm beeindrucken zu lassen, sondern eine ruhige und gelassene Einstellung zu bewahren. Wahre Schönheit entsteht, wenn man sich selbst akzeptiert und anerkennt, ohne sich von äußeren Einflüssen verunsichern zu lassen. Schönheit ist letzten Endes eine Angelegenheit der Seele. Sie entfaltet sich in der Reinheit der Gedanken und der Güte des Handelns. Diese Form von Schönheit ist zeitlos und unabhängig von äußeren Umständen oder vergänglichen Trends.

Einfache Dinge können oft eine tiefere Schönheit und Faszination in sich tragen. Betrachten wir das Wasser – es ist allgegenwärtig und für jedes Leben unverzichtbar. Wir begegnen ihm täglich in seinen verschiedenen Erscheinungsformen: als festes Eis, flüssiges Wasser oder gasförmiger Dampf. Doch hinter dieser vermeintlichen Alltäglichkeit verbergen sich außergewöhnliche Eigenschaften. Wasser durchläuft Phasenübergänge, es kann direkt vom festen in den gasförmigen Zustand übergehen, ohne den flüssigen Zustand zu berühren – eine Fähigkeit, die uns immer wieder erstaunt. Und denken wir an die Eleganz der Schneeflocken, deren kristalline Strukturen uns im Winter verzaubern, oder an die Forschung des japanischen Wissenschaftlers Masaru Emoto, der auf faszinierende Weise die Auswirkungen von Emotionen auf die Form von Wasserkristallen dokumentierte.

Doch trotz all dieser Wunder ist Wasser ein erstaunlich simples Molekül – H_2O. Diese schlichte Verbindung aus zwei Wasserstoff- und einem Sauerstoffatom ist zugleich von einer beeindruckenden Stabilität. Um diese Bindungen aufzubrechen, erfordert es enorme Energiemengen. Es ist eben diese Einfachheit, gepaart mit der enormen Vielseitigkeit, die das Wasser zu einem der erstaunlichsten Elemente auf unserem Planeten macht. Seit Jahrtausenden inspiriert es Wissenschaftler, Philosophen und Künstler gleichermaßen.

Bruce Lee, die Ikone des Kampfsports, erkannte die symbolische Kraft des Wassers und nutzte sie, um seine Lebensphilosophie zu veranschaulichen. Er sagte: „Sei formlos, sei gestaltlos, wie Wasser. Wenn du Wasser in eine Tasse füllst, wird es zur Tasse. Füllst du Wasser in eine Flasche, wird es zur Flasche. Füllst du Wasser in eine Teekanne, wird es zur Teekanne. Wasser kann fließen oder es kann crashen. Sei Wasser, mein Freund." Diese Worte transportieren eine tiefe Weisheit über Flexibilität und Anpassungsfähigkeit – Fähigkeiten, die sowohl im Leben als auch im Kampf den Unterschied ausmachen können. Wasser ist nicht starr, es passt sich an, nimmt jede Form an, bleibt aber dennoch in seiner Essenz unverändert. Es fließt, umgeht Hindernisse, und wenn nötig, ist es stark genug, sie zu überwinden.

In seiner Einfachheit lehrt uns das Wasser, anpassungsfähig zu sein, uns den Umständen des Lebens flexibel zu fügen und dabei gleichzeitig in unserer inneren Stärke zu bleiben.

Die Schönheit von Bitcoin liegt in seiner einfachen und klaren Struktur – eine wahre Schönheit im mathematischen Sinne. Es geht darum, die Einfachheit einer Lösung zu schätzen, die nicht zwangsläufig einfach zu verstehen ist. Die Dinge sollen zielgerichtet und fokussiert sein – einfach oder schön im mathematischen Sinne. Bitcoin ist auf eine spezielle Funktion ausgerichtet und spezialisiert: Geld. Er ist kein ausgefallenes Investmentprodukt mit komplexen Eigenschaften, Hebelfunktionen oder einem Marktanalyse-Team im Hintergrund. Bitcoin ist Geld mit spezifischen Eigenschaften, die sich in seiner Nutzung als Wertaufbewahrungs- und Zahlungsmittel zeigen. Die Visionen und Zukunftsaussichten von Bitcoin kommen von außen, von seinen Nutzern. Sie leiten sich aus seinen fundamentalen Eigenschaften ab. Es gibt keine Marketingabteilung, die Bitcoin als ein mit bunten Werbeversprechen aufgeladenes Produkt bewirbt.

Wenn wir Jason Lowerys These „Softwar" folgen, dann könnten wir auch argumentieren, dass schon die Geldfunktion von Bitcoin eine aufgeladene Vorstellung der Menschen ist. Im Kern ist Bitcoin ein Protokoll, das beschreibt, wie energieintensive Bits erzeugt werden. Es ist gut möglich, dass wir diesem Protokoll in Zukunft noch andere Funktionen beimessen.

Bitcoin ist einfach. Es ist ein dezentrales Netzwerk, das Transaktionen verifiziert und alle 10 Minuten in einem Block niederschreibt. Die Schönheit von Bitcoin liegt in seiner Effizienz, Zuverlässigkeit und den klaren Regeln, die es für seine Nutzer festlegt. Es ist wie ein solides Fundament, auf dem Finanzinnovationen aufgebaut werden können. Die Einfachheit von Bitcoin ermöglicht es, dass sich jeder daran beteiligen kann und es zugänglich für Menschen auf der ganzen Welt macht. In der einfachen und klaren Struktur von Bitcoin liegt seine wahre Schönheit - eine Schönheit, die in der Mathematik verwurzelt ist und die Grundlage für eine neue Ära des Finanzsystems bildet.

Einfachheit und klare Strukturen sind der Schlüssel. Die Stoiker und Bitcoin ermutigen dazu, sich auf einen Bereich, sei es im Beruf oder im Leben, zu konzentrieren und all unsere Gedanken und Bemühungen darauf zu fokussieren. Dies ermöglicht es, Exzellenz zu erreichen, indem äußere Ablenkungen und unnötiger Schnickschnack vermieden werden. In einer Welt, in der Nachrichten und Memes oft schon nach 24 Stunden an Bedeutung verlieren, ist es entscheidend, sich nicht von solchen Oberflächlichkeiten ablenken zu lassen. Stattdessen sollten wir uns auf das konzentrieren, was von bleibendem Wert ist, und unsere innere Schönheit und Stärke kultivieren. Dieser Weg führt zu einer tiefen Erfüllung, die durch äußere Ablenkungen und oberflächliche Reize nicht erreicht werden kann.

„Was macht die Schönheit eines Menschen aus? Ist es nicht seine Vortrefflichkeit? Junger Freund, wenn du schön sein willst, dann arbeite fleißig an deinen Qualitäten. Und die wären? Beobachte diejenigen, die du ohne Vorurteil loben kannst.
Die Gerechten oder die Ungerechten? Die Gerechten. Die Ausgeglichenen oder die Disziplinlosen? Die Ausgeglichenen. Die Selbstbeherrschten oder die Unbeherrschten? Die Selbstbeherrschten.
Wenn du danach trachtest, so zu werden wie sie, wirst du schön, aber je mehr du ihre Qualitäten ignorierst, desto hässlicher wirst du, selbst wenn du alle Regeln der Kunst anwendest, um äußerlich schön zu erscheinen.“

Epiktet

Tapferkeit

„Der Glaube an dich selbst ist der sicherste Weg."

Michelangelo

„Tapferkeit" wird als eine Tugend betrachtet, die sowohl innere Stärke als auch mutiges Handeln umfasst. Tapferkeit beinhaltet die Fähigkeit, Ängste zu überwinden und sich den Herausforderungen des Lebens mit Entschlossenheit und Mut zu stellen. Es geht darum, den eigenen Prinzipien treu zu bleiben und auch in schwierigen Zeiten standhaft zu bleiben. Tapferkeit erfordert die Bereitschaft, Risiken einzugehen, Unsicherheit zu akzeptieren und das Richtige zu tun, selbst wenn es unbequem oder herausfordernd ist. Es beinhaltet die Fähigkeit, Hindernisse zu überwinden, Widerstandskraft zu zeigen und einen klaren Kopf zu bewahren, um in schwierigen Situationen rational und entschlossen zu handeln. Tapferkeit ist eng mit den anderen stoischen Tugenden verbunden und unterstützt uns dabei, ein tugendhaftes und erfülltes Leben zu führen. Durch die Entwicklung von Tapferkeit können wir unsere inneren Ressourcen mobilisieren, unsere Ängste überwinden und unser Potenzial voll ausschöpfen. Tapferkeit ist ein Ausdruck von innerer Stärke, Mut und dem Streben nach moralischer Exzellenz, um ein erfülltes Leben zu führen. Innere Stärke bringt innere Ruhe. Ruhe und Ausgeglichenheit ermöglichen uns, klares Denken und weise Entscheidungen zu treffen.

Tapferkeit bedeutet, trotz aller Schwierigkeiten weiterzumachen, den Mut zu haben, Fehler zu machen und aus ihnen zu lernen. Sie ist der Schlüssel, um nicht nur große Ziele zu erreichen, sondern auch innerlich zu wachsen. Wer Tapferkeit und Beharrlichkeit kultiviert, kann die größte aller Herausforderungen meistern: sich selbst zu überwinden. Das ist nicht einfach, oder um es mit Gigis Worten zu sagen:

„SCHEISS AUF EINFACH
Ich habe die Nase voll von einfach.
Du willst keine Leichtigkeit.
Der Weg zur Hölle ist mit guten Vorsätzen gepflastert, und einer dieser Vorsätze ist es, die Dinge zu einfach zu machen.
Leicht ist, auf der Couch zu bleiben.
Leicht ist es, nicht die Laufschuhe anzuziehen.
Leicht ist es, Pornos zu gucken, Junkfood zu essen, die blöden Serien zu gucken.
Leicht ist es, nicht herauszustechen.
Leicht ist es, die Klappe zu halten, wenn man sich äußern sollte.
Einfach ist es, sich zu fügen.
Einfach ist es, das Gleiche zu sagen, das Gleiche zu denken und das Gleiche zu mögen wie alle anderen.
Einfach ist es, die Dinge auf die lange Bank zu schieben.
Einfach ist es, kurzfristige Gewinne für langfristige Verluste zu erzielen.
Einfach ist es, die Gelddruckmaschine in Gang zu setzen.
Einfach ist es, Misserfolge zu überspielen.
Einfach ist ‚Das ist zu schwer. Das ist nichts für mich. Jemand anderes sollte sich darum kümmern.'
Einfach ist, sich nicht weiterzubilden.
Einfach ist es, keine Verantwortung zu übernehmen.
Einfach ist es, einem Dritten zu vertrauen.
Einfach ist es, die Schlüssel nicht selbst in der Hand zu haben.
Leicht ist bequem.
Leicht ist, nicht denken zu müssen.
Leicht ist, nicht verstehen zu müssen.

Leicht ist das Verhätscheln des Geistes.
Dinge richtig zu tun, ist schwer. Die Dinge richtig zu verstehen, ist auch schwer. Genauso wie die Veränderung des Status quo. Aber es gibt keine Verbesserung ohne Veränderung, keine Veränderung ohne Schmerz.
Scheiß auf leicht.“

Gigi

Am Ende muss jeder zwischen zwei verschiedenen Schmerzen wählen. Der Schmerz der Disziplin oder der Schmerz des Bereuens.

Die Rückgewinnung der Wirksamkeit

Starke oder schwache Menschen lassen sich oft leicht an ihren Handlungen erkennen. Starke Menschen bleiben ruhig und gelassen, selbst wenn sie kritisiert oder beleidigt werden. Sie kennen ihre Fähigkeiten, haben sich intensiv mit ihrem Standpunkt auseinandergesetzt und lassen sich nicht so leicht aus dem Gleichgewicht bringen. Schwache Menschen hingegen reagieren schnell gereizt, hektisch und laut. Sie versuchen, ihre Unsicherheit und Schwäche durch Lautstärke zu überspielen. Leider funktioniert das in unserer heutigen Medienlandschaft recht gut. Die lauten und impulsgesteuerten Menschen bekommen deutlich mehr Aufmerksamkeit als die ruhigen und gelassenen. Das ist wenig überraschend, denn tagesaktuelle Medien leben davon, Neues, Aufregendes und Erschreckendes zu präsentieren. Die Kundschaft soll schließlich jeden Tag die Zeitung lesen oder die Sendung einschalten. Die Leisen und Gelassenen hingegen nehmen auch mal ein Buch zur Hand. Ein Buch soll seine Gültigkeit nicht nach einer Woche verlieren.

Der Autor steht nicht unter dem Druck, täglich etwas Neues veröffentlichen zu müssen. Deshalb sollten wir den Leisen und Ruhigen viel mehr Gehör schenken, denn sie sind die Starken und Tapferen.

Aber woher kommt diese innere Schwäche oder der Drang, laut bis aggressiv zu reagieren? Wenn wir uns fragen, wann ein Tier beißt oder wann Kinder anfangen zu schreien und zu schlagen, kommen wir der Ursache näher. Tiere beißen, wenn sie in die Enge getrieben werden, wenn sie keine Möglichkeit zur Flucht sehen oder ihre Handlungsfähigkeit eingeschränkt ist. Bei Kindern verhält es sich ähnlich. Sie schreien oder werden aggressiv, wenn man gegen ihren Willen handelt, ihnen ihre Wahlmöglichkeiten nimmt oder ihnen nicht erklärt, warum etwas getan werden muss. „Das muss so sein" oder „Weil Mama und Papa das gesagt haben" sind keine überzeugenden Erklärungen.

Dahinter steckt der Verlust der Wirksamkeit. Was für Tiere und Kinder gilt, trifft auch auf Erwachsene zu. Nimmt man ihnen ihre Wirksamkeit, suchen sie nach anderen Wegen, sich auszudrücken. Der erste Schritt dabei ist meist, lauter zu werden, gefolgt von Aggression.

Was bedeutet „Wirksamkeit"? Es beschreibt die Fähigkeit eines Individuums, seine Handlungen nach den eigenen Vorstellungen auszuführen. Wird diese Fähigkeit stark eingeschränkt, entsteht ein Gefühl der Ohnmacht. Wenn man nicht mehr seinen eigenen Vorstellungen entsprechen kann oder gezwungen wird, gegen seine ethischen und moralischen Werte zu handeln, verliert man seine Wirksamkeit.

Was schränkt unsere Handlungen ein? Gesetze, Normen und Vorschriften. Wir leben in einer Welt voller Regeln und Gesetze, die kaum jemand vollständig überblicken kann. In der EU werden täglich 5–6 Verordnungen, Richtlinien oder

Gesetze verabschiedet. Jeder dieser Rechtsakte schränkt die Handlungsfähigkeit des Einzelnen ein Stück weit ein. Bei dieser Menge hat der Bürger keine Chance mehr, alles nachzuvollziehen.

In einer Demokratie bekommt man alle vier Jahre die Möglichkeit, eine Partei zu wählen, die den eigenen Werten entspricht. Wenn keine Partei den eigenen Werten entspricht, hat man Pech gehabt. Mit etwas Glück erhält die gewählte Partei genügend Stimmen, um zu regieren. Doch die Realität sieht meist anders aus: Keine Partei bekommt genug Stimmen, also werden Koalitionen gebildet und viele Parteien kommen an die Macht. Die resultierende Politik ist dann ein bunter Mix dessen, was vor den Wahlen versprochen wurde. Hinzu kommt der Einfluss von Lobbyisten und der bestehende Regierungsapparat, der bei jeder Wahl bestehen bleibt. Es ist also wenig verwunderlich, dass die Politik selten das umsetzt, was sich der Wähler ursprünglich gewünscht hat.

Unterm Strich muss der Bürger erkennen, dass sein Einfluss auf die Politik marginal ist. Selbst wenn man unzufrieden mit der Politik ist, muss man weiterhin Steuern zahlen und zusehen, wie das eigene Geld für Dinge ausgegeben wird, die nicht den eigenen Werten entsprechen – sei es die Rettung von Banken oder die Finanzierung von Kriegen im Ausland. Über solche Entscheidungen kann der Bürger niemals selbst bestimmen, er muss sie jedoch finanzieren. So entsteht ein Gefühl der Ohnmacht.

Demokratie ist nur ein Beispiel für das Problem der fehlenden Wirksamkeit. In unserer arbeitsteiligen Welt sind wir überall auf die Zusammenarbeit mit anderen angewiesen, die in der Regel freiwillig erfolgt.

Bitcoin bringt dieses Gefühl der eigenen Wirksamkeit zurück. Mit Bitcoin kann man zu jeder Zeit und an jedem Ort der

Welt über sein Geld verfügen, ohne jemanden um Erlaubnis bitten zu müssen. (Im Bankensystem ist man hingegen auf die Banken angewiesen.) Bitcoin löst zwar nicht die Probleme der Demokratie, bietet aber einen Fixpunkt, auf den man sich verlassen kann. Man hat die Gewissheit, dass man die volle Kontrolle über sein Geld und die gespeicherte Arbeitsleistung hat. Von diesem Punkt aus kann man seine Wirksamkeit wieder aufbauen und an Stärke gewinnen. Man ist nicht länger Spielball äußerer Einflüsse. Störfaktoren können effektiver ausgeblendet werden und die innere Ruhe nimmt zu.

Unternehmertum: Der Mut, neue Wege zu gehen.

> *„Egal ob du glaubst, dass du es kannst, oder glaubst, dass du es nicht kannst, du hast recht.“*
>
> Henry Ford (Übersetzung aus dem Englischen)

Gehen wir den Gedanken der Wirksamkeit einen Schritt weiter. Aus der positiven Bestätigung, dass man wirksam ist, kann Selbstvertrauen entstehen und daraus folgt oft der Impuls, eigene Ideen und Wünsche in die Tat umzusetzen. Dies nennen wir Unternehmertum. Doch Unternehmertum ist in Deutschland nicht weit verbreitet. Die Gründung eines Unternehmens oder der Weg in die Selbstständigkeit sind selten Teil der schulischen Ausbildung. Stattdessen wird man in der Schule und im Berufsleben häufig auf das Leben als Angestellter vorbereitet. Aufgaben werden von Autoritäten vorgegeben, und es wird exakt bestimmt, wie und wann etwas erledigt werden muss. Dieser Weg gilt als sicher und reibungslos. Wenn wir aber den gleichen Weg gehen, den alle gehen, dann ist es klar, dass wir irgendwann im Matsch gehen.

Ein Unternehmer geht einen anderen Weg. Er erkennt Probleme, sucht nach Lösungen und bietet diese dem Markt an. Dabei wählt er oft neue und unerforschte Pfade, stößt vielleicht auf Widerstände und muss auch Verluste hinnehmen. Es erfordert Mut und innere Stärke, diesen Weg gegen Widerstände fortzusetzen. Wo andere einen Grund zum Aufgeben sehen, erkennt der Unternehmer eine Chance, weiterzumachen. Er weiß, dass Scheitern Teil des Prozesses ist, ein notwendiger Schritt auf dem Weg zum Erfolg. Bekannte Wege zu gehen, mag bequem sein, doch dort sind die Früchte längst gepflückt. Auf unbekannten Wegen warten Hindernisse wie Dornen und umgestürzte Bäume, aber auch ungepflückte Beeren, die darauf warten, entdeckt zu werden. Wer auf die eigenen Fähigkeiten vertraut und sich seiner Wirksamkeit bewusst ist, wird selbst im dichtesten Wald einen Weg finden. Umwege gehören dazu, aber der Weg ist da.

Wie wird man Unternehmer? Die Wahrheit ist: Du bist bereits Unternehmer. Jeder Mensch, der aus begrenzten Ressourcen das Beste herausholen muss, ist Unternehmer. Jeder Tag stellt dir nur 24 Stunden zur Verfügung, und selbst Geld kann dir keine zusätzliche Zeit kaufen. Du musst also jeden Tag entscheiden, wie du deine Zeit und Energie am besten nutzt. Auch als Angestellter bist du ein Unternehmer, denn du verkaufst deine begrenzte Arbeitszeit. Du hast dich für den Angestelltenweg entschieden, weil er für dich gerade der beste Weg ist, deine Ressourcen einzusetzen. Das Angestelltenverhältnis funktioniert dabei wie eine Versicherung: Du tauschst das höhere Gewinnpotenzial der Selbstständigkeit gegen ein festes, planbares Einkommen ein. Selbstständige oder Unternehmer haben ein größeres Gewinnpotenzial, tragen aber auch das Risiko von Verlusten. In wirtschaftlich guten Zeiten trägt der Unternehmer die Verantwortung, Rücklagen für schlechtere Zeiten zu bilden. Der Angestellte profitiert nur begrenzt vom Unternehmenserfolg, ist aber in Krisenzeiten durch sein festes Einkommen abgesichert.

Diese Absicherung bringt jedoch Abhängigkeiten mit sich. Ein Angestellter erhält sein Gehalt nur, solange das Unternehmen am Markt bestehen bleibt. Vor unternehmerischen Fehlentscheidungen, die zur Insolvenz führen können, ist auch der Angestellte nicht geschützt.

Der Weg in die Selbstständigkeit kann ein großer Schritt sein, besonders wenn man Verantwortung für andere trägt, etwa für die eigene Familie. Je mehr Verantwortung man hat, desto schwerer fällt es, den Schritt in die Unsicherheit der Selbstständigkeit zu wagen. Muss man diesen Weg allein gehen? Ja und nein. Deine Füße musst du selbst in Bewegung setzen, niemand wird dich auf einer Sänfte tragen. Aber du kannst dir Weggefährten suchen, die dich begleiten.

Als Frodo sich auf den Weg machte, den Ring der Macht zu zerstören, ging er nicht allein. Aber letztlich musste er den Ring selbst tragen und in die Feuer des Schicksalsberges werfen.

Suche dir Weggefährten mit derselben Motivation und denselben Zielen. Es ist kein Zufall, dass sich das Bitcoin-Netzwerk nicht nur im digitalen Raum formt. Überall auf der Welt gibt es physische Treffen von Bitcoin-Enthusiasten, bei denen sich Gleichgesinnte austauschen. Bitcoin ist oft der Kristallisationspunkt dieser Gemeinschaften, aber es geht häufig um mehr. Man spricht über Projekte, Geschäftsideen und startet gemeinsame Unternehmungen.

„Du bist der Durchschnitt der fünf Menschen, mit denen du die meiste Zeit verbringst.“

Diese Idee hängt eng mit dem Konzept von Vorbildern zusammen. Die fünf Menschen, mit denen wir die meiste Zeit verbringen, wählen wir oft nicht bewusst. Daher ist es wichtig, sich ihrer Bedeutung bewusst zu werden. Welchen Einfluss haben sie auf dich, und welchen Einfluss hast du auf sie? Gehen sie in dieselbe Richtung wie du? Wenn nicht, könnte es sinnvoll sein, über neue Weggefährten nachzudenken.

Es kann unglaublich wertvoll sein, sich auf Meetups oder Konferenzen mit Gleichgesinnten auszutauschen. Die Vorträge mögen interessant sein, aber oft sind die persönlichen Gespräche das eigentliche Highlight. Um davon zu profitieren, musst du jedoch einen Schritt aus deiner Komfortzone wagen. Die besten Früchte wachsen nicht am Rand des Weges, den wir schon viele Male gegangen sind – sie warten auf den weniger betretenen Pfaden.

Antifragilität

> *„Die Kunst, zu leben, hat mit der Fechtkunst mehr Ähnlichkeit als mit der Tanzkunst, insofern man auch auf unvorhergesehene Streiche gerüstet sein und unerschütterlich feststehen muss."*
>
> Marc Aurel

Das Leben entfaltet sich nicht wie ein anmutiger Tanz, bei dem alles harmonisch und im Einklang mit einem vorbestimmten Takt abläuft. Anders als in unseren Trainingseinheiten, wo wir die nächsten Schritte kennen und mit unserem Tanzpartner synchron agieren, kann das Leben plötzlich und unerwartet zuschlagen – wie ein Schlag ins Gesicht, auf den wir nicht vorbereitet sind. Das Leben ist zweifellos schön, aber es bringt Prüfungen und Herausforderungen mit sich, die uns in den unpassendsten Momenten treffen können.

Aus diesem Grund verwenden die Stoiker oft Metaphern aus dem Sport, um das Leben zu beschreiben. Es gleicht einem Kampf, bei dem man Schläge einstecken muss, nach Niederlagen wieder aufsteht und niemals aufgibt. Wie ein Kämpfer muss man sich auf die Faustschläge des Lebens vorbereiten. Natürlich sollte man versuchen, diesen auszuweichen, aber früher oder später wird man getroffen. Darauf muss man vorbereitet sein. Im Kampf hat man die Wahl zwischen Aufgeben und Aufstehen. Das Leben jedoch gibt uns diese Wahl oft nicht – es geht weiter, und neue Herausforderungen werden kommen. Wer aufsteht und aus den Treffern lernt, kann den nächsten Schlägen besser ausweichen. Wer liegen bleibt, wird weiterhin getroffen. Schmerz ist im Leben unvermeidlich, aber Leid ist eine Entscheidung, die uns langfristig gefangen hält.

Durch die stoische Philosophie lernen wir, dass wir durch solche Herausforderungen und Rückschläge sogar stärker werden können – emotional und körperlich. Ähnlich wie im körperlichen Training, bei dem der Körper sich an Schläge anpasst, lernen wir im Leben, mit Schmerz und Hindernissen besser umzugehen. Jede Herausforderung, sei es im Leben oder im Training, macht uns widerstandsfähiger. Wir gewöhnen uns an den Schmerz, er wird erträglicher, und wir entwickeln die Fähigkeit, das Leben mit einer gestärkten Perspektive zu bewältigen. Es ist eine Frage des fortwährenden Übens, das uns befähigt, die Höhen und Tiefen des Lebens zu meistern. Man wird nicht nur stärker, sondern sogar antifragil.

Antifragilität beschreibt die Eigenschaft eines Systems, nicht nur widerstandsfähig gegenüber Störungen und Veränderungen zu sein, sondern durch diese sogar zu wachsen und sich zu verbessern. Ein antifragiles System profitiert von Unbeständigkeit, Unvorhersehbarkeit und Herausforderungen, anstatt durch sie zu zerbrechen. Der Begriff wurde von Nassim Nicholas Taleb geprägt, der in seinem gleichnamigen Buch untersucht, wie Systeme von Unsicherheit und Chaos profitieren können. Er erklärt, wie man sich widerstandsfähiger gegen unvorhersehbare Ereignisse machen kann. Taleb nennt den römischen Stoiker Seneca als Beispiel für jemanden, der in turbulenten Zeiten seine Prinzipien beibehalten hat. Seneca war in der Lage, trotz widriger Umstände innere Stärke zu bewahren, was Taleb als Antifragilität bezeichnet.

Betrachtet man den Stoizismus in diesem Licht, geht es nicht um die Eliminierung von Emotionen, sondern um ihre Domestizierung. Ziel ist es nicht, sich in ein emotionsloses Wesen zu verwandeln. Ein moderner stoischer Weiser, so Taleb, ist jemand, der Furcht in Klugheit, Schmerz in Information, Fehler in Anstöße und Begehren in Unternehmertum verwandelt.

Laut Taleb lag Senecas Erfolgsrezept in seiner Art, seine „Buchhaltung" des Lebens zu führen. Alles, was ihm als Gewinn zufloss, zählte er als Profit. Alles, was er verlor, sah er als freiwillige Abgabe. So war er in der Lage, nur Gewinne zu verbuchen – entweder monetäre oder moralische. Sein materieller Besitz konnte schwinden, aber seine Tugendhaftigkeit blieb unberührt. Diese asymmetrische Sichtweise nennt Taleb **Antifragilität in Reinkultur.**

Bitcoin als Beispiel für Antifragilität

Das Versprechen, auch in Zeiten der Rückschläge und unter widrigen Umständen gelassen auf unserem Weg voranzuschreiten, ist auch ein Versprechen von Bitcoin. Bitcoin ist unempfindlich gegenüber den persönlichen oder emotionalen Schwankungen einzelner Menschen. Selbst wenn es in einigen Ländern oder Kontinenten zu drastischen Veränderungen kommt, die ganze Nationen zu emotionalen Reaktionen verleiten könnten, bleibt Bitcoin davon unberührt. Bitcoin erfüllt zuverlässig seine Aufgaben, rund um die Uhr, seit dem ersten Block. Dabei musste das Netzwerk in den letzten Jahren viel Hohn und Spott ertragen. Es gibt hunderte Zeitungsartikel, die Bitcoin schon lange für tot erklären haben, Ökonomen die Bitcoin als Umweltzerstörer beschimpfen. All das, sowie den Blocksize-War, hat Bitcoin überstanden. Beim Blocksize-War stritten sich einflussreiche Größen aus dem Bitcoin Ökosystem um die zulässige Größe der Blöcke. Befürworter wollten die Blockgröße erhöhen, um mehr Transaktionen pro Block zu ermöglichen. Kritiker sahen darin eine Gefahr, weil größere Blöcke insgesamt zu einer Blockchain geführt hätten, die enorme Rechenleistung erfordern würde. Die Sorge war, die Blockchain wäre damit nicht mehr für kleine Teilnehmer überprüfbar und Bitcoin könnte sich bei großen Anbietern zentralisieren. Doch die einzelnen, kleineren Teilnehmer haben diese Änderung abgelehnt und gezeigt, dass Bitcoin nicht von großen Machtstrukturen übernommen werden kann. Viele solcher erfolglosen Angriffe hat Bitcoin in den letzten zehn Jahren gesehen. Sie sind ein Beweis dafür, dass all die Attacken und all der Rufmord Bitcoin nur stärker gemacht haben. Diese Angriffe haben sich als fruchtlos erwiesen, und künftige Angreifer werden ebenfalls feststellen, dass ihre Bemühungen vergeblich sind. Natürlich wird es immer wieder Rückschläge geben, und es kann sein, dass Bitcoin temporär zurückgedrängt wird, vielleicht sogar auf die Knie fällt. Aber eines ist sicher: Bitcoin wird nicht liegen bleiben und aufgeben – das hat das Netzwerk bereits mehrfach bewiesen.

Bitcoin ist mehr als nur ein technisches Protokoll oder eine Netzwerkstruktur. Es ist ein Vertrauensvertrag zwischen Menschen, die eine Zukunft jenseits traditioneller

Finanzsysteme gestalten wollen. Die größte Bedrohung für Bitcoin liegt nicht in technischen Schwächen, sondern im Vertrauensverlust der Menschen. Sollte dieses Vertrauen schwinden, könnte das Protokoll destabilisiert und die Idee von Bitcoin aufgegeben werden. Aus diesem Grund liegt es an jedem Bitcoiner, sich auf Rückschläge vorzubereiten. Ein zentraler Bestandteil davon ist das sogenannte „HODLn“, das Halten der eigenen Bitcoin-Bestände. Dies ist kein passiver Akt, sondern eine aktive Übung in Geduld und Resilienz.

Um selbst antifragil zu werden, ist die Reihenfolge unserer Handlungen entscheidend. Ein fragiles System muss vor einer Krise gestärkt werden – nach dem Schaden ist es zu spät. Wenn die Krise eintritt, weiß niemand, wie es weitergeht. Daher ist es klug, sich frühzeitig vorzubereiten. Im späteren Teil dieses Buches findest du einige Übungen, die du in ruhigen Zeiten praktizieren kannst, um für stürmische Phasen gewappnet zu sein.

Die Tugend liegt im Handeln

„Es gibt nichts Gutes. Außer man tut es.“
Erich Kästner

In diesem alten Sprichwort steckt eine tiefe Weisheit. Eine Philosophie besitzt keinen wirklichen Wert, solange sie lediglich eine abstrakte Theorie bleibt. Um wahre Bedeutung zu gewinnen, muss sie in die Praxis umgesetzt werden – in Form von guten Taten und Handlungen.

Bei Kästners Zitat lohnt es sich sogar, die Grammatik genauer zu betrachten. Der Punkt zwischen den Hauptsätzen verstärkt die Botschaft von „Es gibt nichts Gutes.“ und stellt somit heraus, dass nichts von Natur aus gut ist. Erst wenn etwas in die

Tat umgesetzt wird, wenn es sich in der materiellen Welt manifestiert, kann es als gut oder etwas Gutes betrachtet werden. Die deutsche Sprache zeigt uns das im Wort (Handels-)Gut oder (Handels-)Güter. Dies sind sächliche, handelbare Dinge. Die stoische Sichtweise wird von Kästners Ausspruch auf den Punkt gebracht. Er betont die Bedeutung des aktiven Handelns und der Umsetzung von Ideen in die Realität.

Bitcoin ist die elektronische Verkörperung des Prinzips: „Es gibt nichts Gutes. Außer man tut es".[25] Um den physischen Nachweis seiner Existenz zu erbringen, nutzt Bitcoin Proof of Work. In diesem Kontext zählt allein die Tat – die Aktivität von Elektronen, die einen Computer befähigen, komplexe Berechnungen durchzuführen. Ohne diesen physischen Nachweis können keine Blöcke zur Blockchain hinzugefügt und folglich auch keine neuen Bitcoin erzeugt werden. Das Prinzip des Arbeitsnachweises gilt nicht nur für die Miner, sondern auch für jedes Individuum, das in die Wirtschaft eintreten möchte.

Bitcoin kann nicht einfach aus dem Nichts erschaffen werden, sondern erfordert physischen Einsatz. Weder vorhandener Reichtum noch Beziehungen zu zentralen Institutionen verschaffen hierbei Vorteile. Um Bitcoin zu verdienen, ist es unabdingbar, aktive Handlungen zu setzen – und diese Handlungen müssen dem Wohl der Gesellschaft dienen. Dies sind alle Produkte und Dienstleistungen, die freiwillig von anderen erworben werden. Was sich aus eigener Kraft am freien Markt durchsetzt, kann als positiv für die Gesellschaft gewertet werden, weil es ihr einen Mehrwert bietet. Somit gilt das Arbeitsnachweis-Prinzip nicht nur für das Bitcoin-Netzwerk selbst, sondern zieht seine Kreise bis in die Gesellschaft. Letztendlich zeigt Bitcoin uns, dass wahre Werte

25 „Proof of Work": deutsch, Arbeitsnachweis

und Wohlstand nicht aus dem Nichts entstehen, sondern aus konkreten Taten, die dem Gemeinwohl dienen.

„An ihren Taten sollt ihr sie erkennen!"
1. Johannes 2,1-6

Stelle dir einmal vor, welches Schicksal der antike Held Herkules wohl erfahren hätte, wäre er nicht großen Prüfungen begegnet. Er stellte sich mutig Löwen, Ebern, Stieren und der gefährlichen Hydra entgegen. Wäre Herkules in die Annalen der Geschichte eingegangen, wenn ihm nicht diese gewaltigen Herausforderungen gestellt worden wären? Zweifellos wäre er der stärkste Mann seiner Ära gewesen, doch wie viele von uns wüssten es heute? „*Herkules*" ist sogar zum Synonym für Kraft und Stärke geworden. Tatsächlich sind es erst die Prüfungen des Lebens, die den wahren Charakter formen und uns auf unseren einzigartigen Pfad lenken.

Was waren Herkules' Beweggründe, sich auf diese lebensgefährliche Reise zu begeben? Es waren Reue und die Suche nach Sühne. Hera, die Gattin des Zeus, war Herkules gegenüber feindlich eingestellt, weil er das Ergebnis einer der zahlreichen Affären von Zeus war. Um Herkules zu quälen, schickte Hera ihm einen Wahnsinn, der ihn dazu verleitete, seine eigenen Kinder zu töten. Als er aus seinem Wahnsinn erwachte und realisierte, was er getan hatte, war Herkules zutiefst verstört und suchte nach Sühne für seine Taten. Das Orakel von Delphi instruierte Herkules, sich König Eurystheus von Mykene zu unterwerfen und jegliche Aufgaben zu erfüllen, die dieser ihm stellen würde.

Mit diesem Hintergrund hat Herkules' Berühmtheit einen gewissen Beigeschmack. Er hatte sich nie übermenschliche Kräfte gewünscht noch große Berühmtheit. Äußere

Umstände haben ihn zu dem gemacht, der er heute ist. War seine Abstammung von Zeus nun Fluch oder Segen?

[Ich bin] ein Teil von jener Kraft,
Die stets das Böse will und stets das Gute schafft. ... Ich
bin der Geist, der stets verneint! Und das mit Recht;
denn alles, was entsteht,
Ist wert, daß es zugrunde geht;
Drum besser wär's, daß nichts entstünde. So ist denn
alles, was ihr Sünde, Zerstörung, kurz das Böse nennt,
Mein eigentliches Element.

Johann Wolfgang von Goethe

Gut und Böse sind keine objektiven Eigenschaften, sondern eher unsere subjektiven Bewertungen von Dingen und Ereignissen. Unsere Gewohnheit, Dinge zu bewerten, erstreckt sich über alle Bereiche des Lebens – vom Wetter bis zu den Nachrichten. Dabei ist es wichtig zu erkennen, dass Neutralität im Journalismus eine Illusion ist. Jedes Ereignis wird aus einer bestimmten Perspektive wahrgenommen und gefärbt. Ein und dasselbe Ereignis kann je nach Kontext und Perspektive unterschiedlich bewertet werden. Ein Terrorist kann für die einen ein Freiheitskämpfer sein und umgekehrt. Selbst wenn es dank künstlicher Intelligenz scheinbar neutrale Nachrichten gäbe, bleibt die Frage offen, ob ein Ereignis langfristig positive Auswirkungen hat. Viele Märchen und Geschichten zeigen, wie Protagonisten zunächst negative Erfahrungen machen, häufig ohne eigenes Verschulden. Doch sie lernen, mit ihren Handicaps umzugehen und sie in Vorteile umzuwandeln oder sich positiv zu verändern. Fast jeder Superheld durchläuft solche Phasen – von tragischen Ereignissen bis hin zu persönlichen Verlusten. Auch die Märchen der Gebrüder Grimm sind voll von solchen Geschichten, wie die des dritten Sohns des Müllers, der nur einen Kater erhält, während seine Brüder die Mühle und einen Esel bekommen. Doch genau dieser Kater wird sein Leben verändern, indem er ihn zu Reichtum führt und sogar mit der Prinzessin verkuppelt. Manchmal ist das vermeintliche Unglück der Schlüssel zu einem glücklichen Ende.[26]?

In der Betrachtung von Ereignissen sollten wir uns hüten, voreilige Urteile zu fällen. Oftmals können wir die weitreichenden Auswirkungen, insbesondere die möglichen positiven Effekte, nicht im Voraus erkennen.

Der Volksmund sagt: „Die Not macht erfinderisch". Tatsächlich führen bequeme Umstände selten zu revolutionären oder bahnbrechenden Ideen. Es lohnt sich, die eigene Komfortzone zu verlassen und das Neue und Unbekannte zu erkunden. Wenn wir nicht selbst den Schritt wagen, werden wir oft von äußeren Umständen dazu gezwungen. Goethe nennt es den „Teil von jener Kraft, die stets das Böse will und doch das Gute schafft".

Dieses „Naturgesetz" finden wir auch in anderen Kulturen und in den Wissenschaften. Im Hinduismus wird Shiva, eine der Hauptgottheiten der heiligen Dreifaltigkeit, die auch Brahma und Vishnu einschließt, oft als der Zerstörer betrachtet. Doch seine Zerstörung ist konstruktiv, denn sie zielt auf die Beseitigung von Unwissenheit, Illusionen und überholten Gewohnheiten, die den Fortschritt blockieren. Dies wird als notwendige Voraussetzung angesehen, um Platz für Neues und Positives zu schaffen.

Physiker bleiben gerne auf der materiellen und messbaren Ebene, aber auch hier sind die gleichen Gesetzmäßigkeiten zu beobachten. Zwischen zwei unterschiedlich warmen Körpern findet immer ein Energieausgleich vom höheren zum niedri-

26 Die Geschichte des gestiefelten Katers.

geren Niveau statt. Der Fluss der Energie erhöht die Entropie des gesamten Systems. Um das höhere Niveau aufrechtzuerhalten, ist die konstante Zufuhr von Energie (Wärme) notwendig. Entropie ist ein natürlicher Prozess, der eng mit dem Energieausgleich und dem Zerfall oder der Zersetzung von Dingen verbunden ist.

Entropie ist auch ein Schlüsselfaktor bei der Erklärung, warum strukturierte Systeme (wie lebende Organismen, Maschinen, Gebäude, Firmen oder Systeme) mit der Zeit zerfallen oder sich zersetzen. Ohne ständige Energiezufuhr oder Erhaltungsmaßnahmen nimmt die Unordnung in einem System zu, was zum Zerfall führt. Dies liegt daran, dass es viel mehr mögliche Zustände der Unordnung gibt als Zustände der Ordnung.

Auch die Wirtschaftswissenschaftler erkennen die positiven Kräfte der Entropie. Joseph Schumpeter beschreibt sie als *kreative, schöpferische Zerstörung.* Sie ist ein zentrales Element seiner ökonomischen Theorien, insbesondere in Bezug auf den Kapitalismus und die Rolle des Unternehmertums in wirtschaftlichen Entwicklungen. Schumpeter beschrieb die „kreative, schöpferische Zerstörung“ als einen Prozess, bei dem alte Strukturen, Technologien, Geschäftsmodelle und Produkte durch innovative neue ersetzt werden. Dieser Prozess ist für den Markt essenziell und treibt langfristig das wirtschaftliche Wachstum und den Fortschritt an. Schumpeter sah die Innovation als den Motor dieses Prozesses, getrieben von Unternehmern, die neue Ideen und Technologien einführen.

Innovation, Entropie und Shiva sorgen für Zerfall und Zerstörung von Dingen, die sich nicht selbst aufrechterhalten können. Sie machen Platz für etwas Neues. Es muss nicht etwas

Besseres sein, aber es bereitet den Raum für Veränderungen und Weiterentwicklung.

Wo stünde Bitcoin heute ohne die unzähligen Herausforderungen, denen es sich gestellt hat? Täglich und über den Verlauf seiner Geschichte hinweg hat Bitcoin Prüfungen bestanden, die ihm nicht nur seine Stärke, sondern auch seine Relevanz verliehen haben. Tausende Hacker haben nach potenziellen Schwachstellen im Code gesucht, Länder haben das Mining verboten, große Lobbyverbände haben versucht, den Code zu verändern und in den Printmedien ist Bitcoin schon unzählige Male totgesagt worden.

Auf der anderen Seite steht das Fiat-Geldsystem. Das durch seine Mängel und Manipulationen unser Vertrauen erschüttert hat. Ohne all diese Schwächen und Ungerechtigkeiten hätten wir wohl niemals die wahre Bedeutung von Geld erkannt. Wir hätten den Wert und die Relevanz von Bitcoin nicht erkannt. Tatsächlich ist es erst das Scheitern des herkömmlichen Geldsystems, das uns die Notwendigkeit eines alternativen Ansatzes verdeutlicht hat. Beispiele für das Scheitern des Fiat-Systems finden wir zahlreiche, in der älteren und jüngeren Vergangenheit. Einige Historiker sehen die Entwertung des Denar als einen Grund für den Untergang des Römischen Reiches. Zum Ende er Weimarer Republik haben die Menschen Inflationsraten von 30.00 % im Monat gesehen. Das bedeutete, dass ein Brot Anfang 1923 250 Mark kostete und Ende 1923 schon 200 Milliarden Mark kostete. Das ist zweifellos ein Extrembeispiel aus der Vergangenheit, aber auch heute gibt es noch solche Beispiele. Die Türkei erlebte 2024 Inflationsraten von 44 %, Argentinien und Venezuela hatten 300 % bzw. 190 % Inflation im Jahr 2023.

Hätten wir nicht die tiefgreifenden Verwerfungen im Finanzwesen erlebt oder die Ungerechtigkeiten in unserer

Gesellschaft gesehen, wäre Bitcoin, ähnlich wie Herkules, eine beeindruckende Erscheinung, für den Großteil der Gesellschaft jedoch bedeutungslos geblieben. Dank seiner Mutproben und Herausforderungen erhebt sich Bitcoin wie ein Held, der immer wieder aufersteht und die Welt der Finanzen und der individuellen Freiheit nachhaltig verändert.

Werfen wir einen kurzen Blick zurück zu unseren Vorbildern. Welche Leute bewundern wir? Als was verkleiden sich kleine Kinder? Ist es Bruce Wayne, der reichste Mann der Stadt, der aber mit seinem Vermögen nichts gegen die Kriminalität ausrichten kann? Oder ist es Batman, der mit physischer Muskelkraft eingreift und Nacht für Nacht das Böse bekämpft? Es ist Batman. Durch seine Taten wird er zu einem Symbol für Gerechtigkeit, Tapferkeit und Mut.

Die Macht des Individuums

„Habe Mut, dich deines eigenen Verstandes zu bedienen."
Immanuel Kant

Im Stoizismus steht das Individuum im Mittelpunkt, es ist der Ursprung unserer Handlungen, es ist der Kern einer tugendhaften und pflichtbewussten Gesellschaft. Um die Gesellschaft, die Wirtschaft oder sogar die Welt zu verstehen, müssen wir stets auf die kleinsten Akteure im System achten: die Menschen. Welche Anreize oder Motive haben sie, etwas zu tun oder zu lassen? Die Stoiker erkannten bereits vor 2000 Jahren, dass jede Veränderung beim Individuum beginnen muss. Auch Marcus Aurelius suchte Verbesserungen stets bei sich selbst, obwohl es ihm weder an Macht noch an Geld fehlte. *Er verstand, dass er nur auf seine eigenen* Handlungen und Gedanken Einfluss nehmen konnte. Der Versuch, die Meinung anderer zu beeinflussen, ist oft übergriffig und führt nicht zu echten Veränderungen. Wenn wir erwarten, dass andere uns respektvoll behandeln, sollten wir den ersten Schritt machen und selbst respektvoll handeln. Dies bedeutet, immer bei sich selbst anzufangen und „vor der eigenen Tür zu kehren". Nur wir selbst können tugendhaft handeln, Selbstbeherrschung üben, unsere Taten reflektieren und Änderungen für die Zukunft vornehmen. Von der Welt können wir nichts verlangen, was wir nicht selbst bereit sind zu tun.

Dieses Prinzip wurde später auch von Immanuel Kant aufgegriffen. In seiner Definition der Aufklärung von 1784 beschreibt er den Prozess der Selbstermächtigung: „Aufklärung ist der Ausgang des Menschen aus seiner selbst verschuldeten Unmündigkeit. Unmündigkeit ist das Unvermögen, sich seines Verstandes ohne Leitung eines anderen zu bedienen. [...] Habe Mut, dich deines eigenen Verstandes zu bedienen!" Kant ermutigt die Menschen, nicht nur zu handeln, sondern die Dinge zu tun, die sie selbst als richtig erkennen – basierend auf ihrem eigenen Verstand.

Zu erkennen, was tatsächlich unsere eigenen Gedanken sind und was fremde Einflüsse sind, ist eine Aufgabe, die uns viel Selbstreflexion und Weisheit abverlangt. Das haben wir bereits bei den Leitbildern und Vorbildern besprochen. Weisheit ist notwendig, um mutig und tapfer zu sein. Denn das Richtige zu tun, bedeutet oft, gegen den Strom zu schwimmen – und dafür wird man nicht immer Applaus ernten. Im Gegenteil: Wahren Mut erkennen wir daran, dass der Mutige gewisse Risiken auf sich nimmt und bereit ist, für sein Handeln die Konsequenzen zu tragen. Ohne diese Kosten können wir nicht von Mut und Tapferkeit sprechen. Wir nennen das heute „Gratismut". Dieser Mut kommt kostenlos.

Die Relevanz des Individuums in der Wirtschaft hat auch die Österreichische Schule der Nationalökonomie herausgestellt. Im Gegensatz zu anderen ökonomischen Ansätzen, die häufig kollektivistische oder makroökonomische Perspektiven bevorzugen, rückt die Österreichische Schule den individuellen Akteur ins Zentrum ihrer Analyse. Für ihre Vertreter wie Ludwig von Mises und Friedrich August von Hayek ist das Individuum nicht nur ein reiner Verbraucher oder Produzent, sondern ein handelndes Wesen, das durch seine eigenen subjektiven Präferenzen und Entscheidungen die Wirtschaftsordnung prägt. Mises prägte den Begriff des „methodologischen Individualismus", der besagt, dass alle ökonomischen Phänomene auf individuelle Handlungen zurückzuführen sind. Jedes Individuum agiert auf der Grundlage seines Wissens, seiner Bedürfnisse und Ziele, und in der Summe entstehen daraus die komplexen Marktprozesse. Diese Sichtweise führt zu einem dynamischen Verständnis von Wirtschaft, in dem die spontanen, durch individuelle Entscheidungen hervorgerufenen Prozesse als treibende Kraft hinter Innovation und Wohlstand verstanden werden. Die Theorie hebt hervor, dass nur das Individuum in der Lage ist, durch eigenes Handeln wirtschaftliche Werte zu schaffen und anzupassen. In der Preisbildung, dem Wettbewerb und der Ressourcennutzung wird das Verhalten des Individuums als entscheidend angesehen, und der Markt wird als ein System verstanden, das sich durch die freiwilligen, dezentralen Entscheidungen vieler Einzelner entwickelt. Diese marktorientierte Sicht betont die Bedeutung der Freiheit des Einzelnen in einer freien Gesellschaft als Grundlage für Wohlstand und Fortschritt.

Nach diesen Prinzipien ist auch Bitcoin gestaltet worden. Jeder Mensch kann am Bitcoin-Netzwerk teilnehmen. Es gibt keine zentrale Macht oder Autorität, die dies verhindern kann oder genehmigen muss. Jeder kann seine persönlichen Schlüssel erstellen und verwalten. Es bedarf keiner dritten Partei zur Aushändigung und Verwahrung der eigenen Schlüssel. Gleichzeitig ist auch niemand gezwungen, am Bitcoin-Netzwerk teilzunehmen. Es beruht auf absoluter Freiwilligkeit. Bitcoin ist ein offenes Angebot an alle Menschen, niemand muss es annehmen, aber jeder kann.

Das bringt dem Individuum nicht nur passive Möglichkeiten, sondern auch aktive asymmetrische Vorteile gegenüber großen Kollektiven. Wollen Firmen oder Länder am Bitcoin-Netzwerk teilnehmen und Bitcoin als Geld verwahren, müssen sie dies auf der gleichen Ebene wie das Individuum umsetzen. Sie müssen Zugangsschlüssel verwahren. Jedoch mit der Herausforderung, dass juristische Personen wie eine Firma in ihrer abstrakten Form[27] keine Schlüssel verwahren können. Es braucht dafür Menschen. Damit müssen vertrauenswürdige Personen ermittelt werden, die die Schlüssel verwahren und halten. Für einen Konzern kann dies ein aufwendiger Prozess sein, besonders wenn Bitcoin in der Gesetzgebung des Landes noch nicht klar definiert ist. Während sich Konzerne und Länder mit ihrer eigenen Bürokratie abmühen, kann das Individuum bereits seinen eigenen Schlüssel halten und die ersten Satoshis sparen.

Dieser asymmetrische Vorteil ist weit mehr als die Möglichkeit, in einem harten Geld zu sparen. Durch den uneingeschränkten Zugriff auf das eigene Vermögen kann man offener, ehrlicher und mutiger agieren. Im bestehenden Bankensystem hat immer die Bank die Hoheit über das Geld. Die Bank ist im Besitz des Geldes. Es gibt inzwischen zahllose Beispiele, in denen Menschen der Zugang zum Geld auf ihrem

27 Eine Firma, ein Verein oder auch ein Staat stellt ein abstraktes Konstrukt dar, das in unserer Vorstellung existiert und keine physische Entität ist.

Konto verweigert wurde oder das Konto kurzfristig gekündigt wurde, weil der Kontoinhaber in irgendeiner Form staatskritisch aufgefallen ist. Und diese Beispiele gibt es sowohl in autoritären Diktaturen als auch in Demokratien.

> *„Bedenke, dass du ein Sklave bist, wenn du dich durch irgendetwas so binden lässt, dass es in der Macht eines anderen steht, es dir zu verwehren oder zu nehmen.“*
> Marc Aurel

Wie handelt ein Mensch, der eine Familie zu ernähren, ein Haus abzubezahlen hat und bei der falschen Meinung damit rechnen muss, den Zugang zu seinem Geld zu verlieren? Er wird vermutlich lammfromm und seine persönliche Meinung der öffentlichen Meinung anpassen oder schweigen.

Aber was geschieht, wenn das Individuum die volle Kontrolle über sein Geld hat? Wenn niemand - weder eine Bank noch ein Staat - seine finanziellen Entscheidungen beeinflussen oder einschränken kann? In dieser Situation erlangt das Individuum eine beispiellose Freiheit und Selbstbestimmung über sein Vermögen. Es ermöglicht den Menschen, ohne die Furcht vor möglichen Sanktionen oder Zugangsbeschränkungen nach ihren eigenen Werten und Idealen zu handeln. Diese Freiheit der finanziellen Autonomie stärkt nicht nur das Selbstvertrauen des Einzelnen, sondern trägt auch zur Entstehung einer offeneren und vielfältigeren Gesellschaft bei. Sie fördert ein Klima der Offenheit und Ehrlichkeit, da Menschen nicht mehr gezwungen sind, ihre Meinungen oder Handlungen an politische Korrektheit oder gesellschaftliche Erwartungen anzupassen.

Übungen für den Geist: Praktische Schritte zur stoischen Gelassenheit

„Jeder hat einen Plan, bis er ins Gesicht geschlagen wird."
Mike Tyson

Wir haben uns viel mit den Gemeinsamkeiten von Stoizismus und Bitcoin befasst und haben gesehen, wie bedeutungsvoll die stoischen Prinzipien auch in unserem Leben sein können. Die stoische Philosophie geht davon aus, dass Glück und Erfüllung im Leben durch die Kontrolle unserer Gedanken, Emotionen und Handlungen erreicht werden können.

Eine Möglichkeit, wie wir den stoischen Prinzipien folgen können, ist durch die Entwicklung einer positiven inneren Einstellung. Dafür müssen wir lernen, Dinge zu akzeptieren, die wir nicht ändern können, und uns auf das konzentrieren, was wir beeinflussen können. Indem wir uns darauf konzentrieren, unsere eigene Einstellung und unser Verhalten zu kontrollieren, können wir uns unabhängiger und erfüllter fühlen.

Schließlich geht es bei der Anwendung von stoischen Prinzipien auch darum, unser Leben auf einen Zweck auszurichten. Indem wir uns auf das konzentrieren, was wirklich wichtig ist und was uns erfüllt, können wir ein sinnvolles und erfülltes Leben führen. Das bedeutet auch, dass wir uns bewusst machen, welche Werte und Ziele uns wichtig sind und wie wir diese in unserem Leben umsetzen können.

Bei der Anwendung der stoischen Prinzipien erkennen wir schnell, dass es nicht nur um die Finanzen geht, sondern um ein erfüllteres und unabhängigeres Leben im Allgemeinen. Indem wir lernen, unsere Gedanken, Emotionen und Handlungen zu kontrollieren, uns an die Natur der Dinge anzupassen und unser Leben auf einen Zweck auszurichten, können wir ein sinnvolles und erfülltes Leben führen.

Ist es immer klar ersichtlich, was das „Richtige" ist? Nein.

Ist es immer einfach, das „Richtige" zu tun? Nein.

Auch Menschen mit guten Absichten handeln manchmal falsch. Ob etwas falsch oder richtig war, erkennen wir häufig nur rückblickend. Dann zweifeln wir an unseren Handlungen oder bereuen sie sogar. Viele Dinge geschehen uns unerwartet, wir haben dann keine Zeit zum Nachdenken oder Abwägen. Wann immer möglich, nimm dir so viel Zeit wie möglich. Es ist keine Schande zu sagen: *„Darüber muss ich nachdenken."* Im Gegenteil, es zeugt von Stärke und Weisheit.

Wie beim Sport hilft es auch im Leben, die Dinge zu üben. So lassen sich mögliche Geschehnisse bereits im Vorfeld durchdenken. Ein Boxer wird nie den nächsten Kampf einstudieren können, er kann auch nicht den nächsten Schlag vorhersehen. Aber wenn er bereits tausende Schläge im Training erlebt hat, wird er im echten Kampf weniger überrascht sein. Er wird sogar eine passende Reaktion bereit haben. Wir sollten mit Faustschlägen des Lebens rechnen. Sie werden kommen. Wir wissen nicht, wie oder wann, aber sie kommen. Wenn wir darauf vorbereitet sind, können wir ihre Wucht abmildern und eine passende Antwort bereithalten.

Man hat keinen Mehrwert, wenn stoische Bücher im Bücherregal stehen oder *„mal gelesen"* wurden. Nur wer die Weisheiten des Stoizismus verinnerlicht hat, kann sie in schwierigen Situationen anwenden. Und natürlich gilt, wie bei allem anderen im Leben, man wird nicht über Nacht zum Stoiker. Es bedarf Übung. Damit man nicht auf die nächste herausfordernde Situation im Leben warten muss, haben die Stoiker unterschiedliche mentale Übungen entwickelt. Diese Übungen sind wie ein Sandsack, an dem jeder Boxer hunderte Stunden trainiert, bevor er in einen echten Kampf geht.

Die folgenden stoischen Übungen stärken uns für das Leben als Philosoph. Aber Achtung! Das Ausüben von Philosophie ist kein Vergnügen. Die Ausübung der Philosophie kann schmerzhaft oder zumindest unangenehm sein. Das ist gut. Auch Krankheitssymptome sind in der Regel nicht die Krankheit selbst. Es sind die Maßnahmen, die der Körper einleitet, um die Krankheit zu bekämpfen. Schmerzen sind ein Teil dieses Prozesses. Mit Schmerz sagt dein Körper dir, dass etwas nicht stimmt und wo das Problem liegt. Sei dankbar für den Schmerz.

Nimm dir für die Übungen Zeit. Ein schnelles Durchlesen bringt keinen Erfolg. Nimm dir auch einen Stift. Zu jeder Übung findest du Platz für Notizen. Schreibe eine Situation in deinem Leben auf, zu der diese Übung passt. Hättest du anders reagieren können? Wie willst du in Zukunft reagieren? Schreibe deine Gedanken auf. Viel Spaß.

Üben Sie Unglück

„Üben Sie Unglück" ist eine mentale Technik, die darauf abzielt, unsere Fähigkeit zu stärken, mit schwierigen Situationen und unerwarteten Ereignissen umzugehen. Diese Methode, die auf den Philosophen Epiktet zurückgeht, hilft uns, emotional auf Herausforderungen vorbereitet zu sein und unsere innere Ruhe zu bewahren, wenn das Leben uns Prüfungen auferlegt.

Setze dich in eine ruhige Umgebung und nimm dir ein paar Minuten Zeit. Schließe die Augen und stelle dir eine schwierige Situation vor – vielleicht einen finanziellen Verlust, eine gescheiterte Beziehung oder eine Krankheit. Lass die Vorstellung real werden und fühle die Emotionen, die dabei aufkommen. Betrachte diese Situation jedoch nicht als etwas, das dir passiert, sondern als eine Möglichkeit, deine Reaktionen darauf zu üben. Frage dich: „Wie würde ich in diesem Moment ruhig und besonnen handeln? Welche Lösungen könnte ich finden?" Konzentriere dich auf deine Atmung und bringe deine Gedanken immer wieder zur Gelassenheit zurück.

Diese Übung stärkt deine mentale Flexibilität und bereitet dich darauf vor, klüger und ruhiger auf reale Herausforderungen zu reagieren. Sie hilft dir, inneren Frieden zu bewahren, indem du dich auf das konzentrierst, was du kontrollieren kannst, und das loslässt, was außerhalb deiner Kontrolle liegt.

Das Hindernis ist der Weg

Diese Übung ist eine der zentralen Praktiken der stoischen Philosophie und geht auf Marc Aurel zurück. Sie lehrt uns, Hindernisse nicht als Blockade zu betrachten, sondern als integralen Bestandteil unseres Weges. Jede Herausforderung wird so zu einer Gelegenheit, innerlich zu wachsen und stärker zu werden.

Wenn du auf ein Hindernis stößt – sei es ein persönliches Problem, eine berufliche Schwierigkeit oder ein unerwarteter Rückschlag – halte inne und ändere bewusst deine Perspektive. Frage dich: „Was kann ich aus dieser Situation lernen? Wie kann ich das Problem als Chance nutzen, um neue Fähigkeiten zu entwickeln oder mich zu verbessern?" Konzentriere dich darauf, wie du die Herausforderung in einen Vorteil umwandeln kannst, statt dich von negativen Gedanken oder Emotionen überwältigen zu lassen. Schreibe dir mögliche Lösungen auf und richte deine Energie darauf, aktiv an ihnen zu arbeiten.

Diese Übung hilft dir, Hindernisse nicht als Blockaden, sondern als Wachstumschancen zu sehen. Sie stärkt dein Selbstbewusstsein und fördert eine widerstandsfähige Einstellung, indem du lernst, Schwierigkeiten als wertvolle Teile deines Weges zu akzeptieren und zu nutzen.

Liebe zum Schicksal

Die Übung „Amor Fati“ – die „Liebe zum Schicksal“ – lädt uns dazu ein, das Leben so anzunehmen, wie es kommt, und sowohl die positiven als auch die negativen Ereignisse als wertvolle Teile unserer Existenz zu betrachten. Diese Übung zielt darauf ab, unsere Einstellung zu den Umständen, die uns widerfahren, zu verändern und innere Gelassenheit zu kultivieren.

Nimm dir bewusst einen Moment Zeit, um über die Herausforderungen und Erfolge in deinem Leben nachzudenken. Denke an eine Situation, die dir unangenehm oder schwierig war. Anstatt diese Ereignisse abzulehnen oder sie als negativ zu betrachten, frage dich: „Wie kann ich diese Erfahrung als Teil meines Wachstumsprozesses annehmen?“ Stelle dir vor, wie du aktiv das Schicksal mit all seinen Facetten umarmst und akzeptierst. Wiederhole für dich den Satz „Ich liebe mein Schicksal“ und versuche, die Schönheit in allem zu erkennen, was dir widerfahren ist – sowohl im Guten als auch im Schlechten.

Die Übung „Amor Fati“ hilft dir, das Leben in seiner Gesamtheit anzunehmen. Sie lehrt dich, sowohl die Höhen als auch die Tiefen als unverzichtbare Teile deiner Reise zu sehen. Durch die bewusste Akzeptanz aller Umstände entwickelst du eine tiefere Gelassenheit und stärkst deine Resilienz gegenüber den Unwägbarkeiten des Lebens.

Gedenke des Todes

„Memento Mori“ erinnert uns an die Vergänglichkeit aller Dinge. Sie lehrt uns, dass nichts auf dieser Welt von Dauer ist und das Festhalten an Dingen, die unvermeidlich vergehen, nur unnötiges Leiden verursacht. Indem wir die Vergänglichkeit akzeptieren, können wir uns auf das Wesentliche im Leben konzentrieren.

Nimm dir einen Moment, um bewusst über die Vergänglichkeit des Lebens nachzudenken. Erinnere dich daran, dass alles – von materiellen Dingen bis zu Beziehungen – irgendwann enden wird. Konzentriere dich dabei nicht auf die Traurigkeit, sondern auf die Befreiung, die diese Erkenntnis mit sich bringt. Frage dich: „Was ist in meinem Leben wirklich wichtig? Welche Dinge liegen außerhalb meiner Kontrolle, und wie kann ich meinen Fokus stattdessen auf meine eigenen Gedanken und Handlungen richten?“ Lass diese Reflexion in dein tägliches Handeln einfließen, um dich weniger an Vergängliches zu klammern.

Die Übung „Memento Mori“ hilft uns, uns auf das zu konzentrieren, was wirklich zählt. Indem wir die Vergänglichkeit aller Dinge akzeptieren, können wir uns von unnötigen Sorgen befreien und unsere Energie darauf richten, was wir in unserem Leben wirklich erreichen wollen.

Die eigene Sterblichkeit

Eine der tiefgründigsten Lehren der stoischen Philosophie ist das Nachdenken über die eigene Sterblichkeit. Anstatt den Tod zu fürchten, lädt diese Übung uns ein, unsere Endlichkeit anzuerkennen und dadurch mehr Bewusstsein für das zu entwickeln, was wirklich zählt. Wenn wir uns regelmäßig daran erinnern, dass unser Leben begrenzt ist, gewinnen wir Klarheit darüber, worauf wir unsere Zeit und Energie richten sollten.

Um diese Übung durchzuführen, nimm dir regelmäßig Zeit, um über deine eigene Sterblichkeit nachzudenken. Das kann durch das Schreiben eines Tagebuchs, das Meditieren oder das Reflektieren über das Leben verstorbener Menschen geschehen. Frage dich: „Was wäre mir wichtig, wenn heute mein letzter Tag wäre? Welche Dinge würde ich anders machen?" Nutze diese Erkenntnisse, um deinen Alltag bewusster zu gestalten und dich auf das zu konzentrieren, was dir wirklich am Herzen liegt – seien es bedeutungsvolle Beziehungen, persönliche Ziele oder innerer Frieden.

Das Nachdenken über die eigene Sterblichkeit hilft uns, den Fokus auf das Wesentliche zu legen und unnötige Sorgen loszulassen. Es stärkt unser Bewusstsein für die begrenzte Zeit, die uns zur Verfügung steht, und ermutigt uns, ein erfülltes Leben zu führen, das in Übereinstimmung mit unseren wahren Werten steht.

Behalte den Überblick.

Der Perspektivwechsel ist eine stoische Übung, die uns dabei hilft, unsere Sichtweise zu erweitern und uns von den engen Grenzen unserer eigenen Emotionen und Probleme zu lösen. Sie erinnert uns daran, dass wir nur ein kleiner Teil eines größeren Ganzen sind und dass unsere Herausforderungen oft relativ sind. Indem wir unsere Perspektive verändern, können wir mehr Klarheit gewinnen und uns auf das Wesentliche konzentrieren.

Um den Perspektivwechsel durchzuführen, stelle dir vor, dass du deine Situation aus der Vogelperspektive betrachtest. Visualisiere, wie du dich selbst und dein Leben aus großer Höhe siehst, als ob du von einem Flugzeug auf die Landschaft schaust. Versuche, dich von deinen aktuellen Emotionen und Sorgen zu distanzieren und objektiv auf deine Situation zu blicken. Frage dich: Wie bedeutsam ist dieses Problem im größeren Zusammenhang? Welche langfristigen Auswirkungen hat es wirklich? Nutze diese erweiterte Perspektive, um ruhiger und gelassener auf deine Herausforderungen zu reagieren.

Der Perspektivwechsel ermöglicht es uns, unsere Probleme und Sorgen in einem größeren Kontext zu sehen. Er hilft uns, Abstand von unseren Emotionen zu gewinnen und eine objektivere, ruhigere Haltung einzunehmen. So können wir uns besser auf das konzentrieren, was wirklich wichtig ist, und unnötigen Stress vermeiden.

Kontrollcheck

„Liegt die Situation in unserer Kontrolle?“ Diese Frage lehrt uns, unsere Energie und Aufmerksamkeit auf die Dinge zu richten, die wir tatsächlich beeinflussen können, anstatt uns über Aspekte zu ärgern, die außerhalb unserer Kontrolle liegen. Oft verschwenden wir Zeit und Energie damit, uns über das Verhalten anderer oder äußere Umstände aufzuregen – doch der Stoizismus erinnert uns daran, dass der wahre Schlüssel zur Gelassenheit in der Konzentration auf das liegt, was wir ändern können.

Wenn du dich in einer schwierigen oder stressigen Situation befindest, halte inne und stelle dir die Frage: „Liegt das in meiner Kontrolle?“ Reflektiere darüber, welche Aspekte der Situation du tatsächlich beeinflussen kannst, sei es deine Reaktion, deine Gedanken oder konkrete Handlungsschritte. Wenn du feststellst, dass du nichts an der Situation ändern kannst, lenke deine Aufmerksamkeit bewusst auf das, was du kontrollieren kannst. Frage dich: „Was kann ich tun, um diese Situation zu verbessern?“ Setze deine Energie gezielt für positive Veränderungen ein, anstatt dich über äußere Umstände zu beklagen.

Diese Übung hilft uns, unsere Energie auf das Wesentliche zu fokussieren. Indem wir uns auf das konzentrieren, was wir tatsächlich beeinflussen können, vermeiden wir unnötigen Stress und werden effektiver in unserem Handeln. So können wir unsere Ressourcen sinnvoll nutzen und unsere Ziele klarer verfolgen.

Ein Tagebuch schreiben

Die Stoiker betonten die Wichtigkeit der Selbstreflexion, und eine der wirksamsten Methoden hierfür ist das Führen eines Tagebuchs. Diese Praxis hat Marc Aurel zu seinen berühmten *Selbstbetrachtungen* inspiriert. Durch das tägliche Schreiben können wir unsere Gedanken und Emotionen analysieren, ein besseres Verständnis für uns selbst gewinnen und unsere Ziele und Werte klarer erkennen.

Nimm dir jeden Tag ein paar Minuten Zeit, um in einem Tagebuch oder Journal deine Gedanken und die Ereignisse des Tages festzuhalten. Schreibe ehrlich und direkt über deine Gefühle, Herausforderungen und Erkenntnisse. Konzentriere dich darauf, deine Reaktionen und Emotionen zu reflektieren: Wie hast du in bestimmten Situationen gehandelt? Welche Gedanken haben dich begleitet? Notiere dir auch, was du morgen verbessern möchtest. Dieser regelmäßige Prozess hilft dir, deine Stärken und Schwächen besser zu verstehen und eine gesunde Distanz zu deinen Erlebnissen zu schaffen.

Das Schreiben eines Tagebuchs ist eine kraftvolle Übung, um Selbstreflexion zu fördern und die eigenen Gedanken klarer zu strukturieren. Es hilft, Abstand zu den Erfahrungen des Tages zu gewinnen und den Kopf freizumachen – eine Praxis, die nicht nur zu mehr innerer Ruhe, sondern auch zu besserem Schlaf führen kann.

Negative Visualisierungen

Negative Visualisierungen helfen uns, unsere Resilienz und emotionale Stabilität zu stärken. Dabei geht es darum, bewusst negative Szenarien zu durchdenken und sie zu akzeptieren. Diese Übung bereitet uns auf das Unerwartete vor und lehrt uns, die Kontrolle über unsere Reaktionen zu übernehmen, anstatt uns von Ängsten und Sorgen überwältigen zu lassen.

Nimm dir Zeit, um dir vorzustellen, dass das Schlimmste eintreten könnte. Denke an eine Situation, die dich beunruhigt, und stelle dir vor, wie sich die schlimmstmöglichen Szenarien entwickeln könnten – sei es ein Verlust, ein Fehler oder eine Enttäuschung. Konzentriere dich darauf, wie du damit umgehen würdest, wenn es tatsächlich passiert. Frage dich: „Was könnte ich kontrollieren, und wie würde ich reagieren?" Visualisiere, wie du trotz des negativen Ereignisses ruhig und besonnen bleibst. Diese Übung stärkt deine Fähigkeit, in schwierigen Momenten rational und gelassen zu bleiben.

Negative Visualisierungen helfen dir, dich auf das Unvorhersehbare vorzubereiten und deinen Fokus auf das zu richten, was du beeinflussen kannst. Indem du regelmäßig das Schlimmste durchdenkst, wirst du widerstandsfähiger gegenüber emotionalen Schwankungen und lernst, das Positive im Leben stärker zu schätzen. Dies ist wie bei Bitcoin: Es ist klug, gut über die Verwahrung seiner 12/24 Wörter nachzudenken, um auf zukünftige Unwägbarkeiten vorbereitet zu sein.

Was würde Batman tun?

Manchmal kann es hilfreich sein, sich ein Vorbild vorzustellen, um schwierige Entscheidungen zu treffen. Stelle dir die Frage: „Was würde Batman tun?“ Sie hilft uns, uns in schwierigen Situationen auf Tugenden wie Mut, Gerechtigkeit, Weisheit und Selbstbeherrschung zu konzentrieren, um moralisch und besonnen zu handeln.

Wenn du vor einer schwierigen Entscheidung stehst oder mit negativen Emotionen konfrontiert wirst, frage dich: „Wie würde Batman in dieser Situation handeln?“ Denke an seine Tugenden und stelle dir vor, wie er ruhig und überlegt reagieren würde. Reflektiere über die langfristigen Konsequenzen deiner möglichen Entscheidungen: Würde ein voreiliges Handeln negative Auswirkungen haben, während Geduld und Weisheit bessere Ergebnisse bringen könnten? Anschließend triff deine Entscheidung bewusst, orientiert an den Tugenden von Batman.

Indem du dich regelmäßig fragst: „Was würde Batman tun?“, wirst du bewusster und tugendhafter in deinem Handeln. Diese Übung stärkt deine moralische Integrität und erinnert dich daran, dass du in jeder Situation eine Wahl hast. Nutze fiktive Vorbilder wie Batman, um in deinem eigenen Leben Mut, Weisheit und Selbstbeherrschung zu entwickeln und schwierige Momente mit Gelassenheit zu meistern.

Nur du und deine Gedanken. Ohne Elektroschocker.

In unserer modernen Welt der ständigen Ablenkung ist es selten geworden, Zeit allein mit unseren eigenen Gedanken zu verbringen. Medienkonsum, sei es in Form von Radio, Podcasts oder sozialen Medien, füllt jeden Moment unserer Tage. Doch diese „Unter-haltung" – im wörtlichen Sinne „unten halten" – schneidet uns oft von unseren eigenen Ideen und Inspirationen ab. In Momenten der Stille können wertvolle Gedanken aufkommen, die uns weiterbringen.

Statt dich in jeder freien Minute mit Medien zu beschäftigen, versuche bewusst, Momente der Stille zuzulassen. Wenn du auf den Bus wartest oder im Wartezimmer sitzt, lass dein Handy in der Tasche. Auf dem Heimweg von der Arbeit schalte das Radio aus. Erlaube es dir, deine Gedanken schweifen zu lassen. Manche wirst du verwerfen, andere könnten sich als wertvolle Einsichten herausstellen. Mache dir bewusst, dass das „Nichtstun" der Schlüssel ist – das Zulassen von Langeweile schafft Raum für Inspiration und Selbstreflexion. Plane feste Zeiten im Tag ein, in denen du auf Unterhaltungsmedien verzichtest.

Indem du Momente der Stille bewusst zulässt, förderst du Klarheit und öffnest dich für neue Ideen. Vermeide es, dich ständig durch Medien abzulenken, und gib deinen Gedanken Raum, um sich zu entfalten. Diese Übung hilft dir, fokussierter und kreativer zu werden, indem du bewusste Pausen vom ständigen Konsum einlegst.

Der Weg in die Genügsamkeit

In einer Welt, die von Überfluss geprägt ist, sehnen sich immer mehr Menschen nach Mäßigung und Genügsamkeit. Praktiken wie Frugalismus, Camping und das minimalistische „Van-Life" zeigen, dass weniger oft mehr ist. Dieser Trend zur Einfachheit spiegelt das Bedürfnis wider, sich auf das Wesentliche zu konzentrieren und bewusster zu leben. Es ist eine Rückbesinnung auf das, was wirklich notwendig ist, und ein Gegenpol zum ständigen „Mehr" des Alltags.

Das nächste Mal, wenn du etwas Neues kaufen möchtest, stelle dir folgende Frage: „Ist es mir 1 € pro Nutzung wert?" Denke daran, dass Dinge, die du nicht besitzt, keinen Platz beanspruchen, nicht kaputtgehen, nicht versichert werden müssen und keinen zusätzlichen Aufwand erfordern. Reflektiere über den wahren Wert dessen, was du kaufen möchtest, und überlege, ob es wirklich notwendig ist. Diese Haltung lässt sich auch auf andere Lebensbereiche anwenden: Wenn du Gäste einlädst, biete nicht übermäßig viel an. Ein selbstgebackener Kuchen wird mehr geschätzt als mehrere gekaufte Torten. Konzentriere dich auf den Wert der Begegnung und nicht auf den Überfluss an Dingen.

Diese Übung hilft dir, bewusster zu konsumieren und die Dinge, die du besitzt, mehr wertzuschätzen. Indem du dich auf das Notwendige fokussierst, vermeidest du unnötigen Ballast und kannst die Fülle des Weniger genießen. Es stärkt dein Bewusstsein für echte Wertschätzung und Genügsamkeit, sowohl im Alltag als auch in besonderen Momenten.

These, Antithese, Synthese

Keine klassische stoische Übung, aber sie dient dem intellektuellen Fortschritt und kann Emotionen aus einem Konflikt nehmen. Der hegelsche Ansatz dient dazu, Widersprüche und Gegensätze durch einen dialektischen Prozess aufzulösen. Durch die Auseinandersetzung mit widersprüchlichen Ideen wird eine höhere Wahrheit oder ein umfassenderes Verständnis erreicht.

Stelle eine These auf. Eine These ist eine Ausgangsposition oder Behauptung, die eine bestimmte Sichtweise oder ein bestimmtes Argument darstellt.

Stelle nun die Antithese auf. Eine Antithese ist die Gegenposition zur These, die diese hinterfragt, kritisiert oder widerlegt.

Nun folgt die Synthese. Sie ist die Auflösung des Konflikts zwischen These und Antithese, die zu einer neuen, höheren Ebene des Verständnisses führt, indem sie Elemente beider Positionen integriert.

Auch wenn sich Widersprüche nicht immer auflösen lassen, hilft es, eine ausgewogenere Perspektive einzunehmen.

Aus Kontrolle wird Freiheit

„Du hast Macht über deinen Geist – nicht über äußere Ereignisse. Erkenne dies, und du wirst Stärke finden.“
Marcus Aurelius.

Wir haben eine Reise unternommen, die die antike Philosophie des Stoizismus mit dem modernen Phänomen Bitcoin verbindet. Was auf den ersten Blick unvereinbar erscheint, erweist sich als geniale Symbiose. Beide Systeme bieten dem Individuum Werkzeuge, um in einer unsicheren Welt Stabilität und Freiheit zu erlangen. Der Stoizismus lehrt uns, durch Selbstbeherrschung und Tugendhaftigkeit innere Ruhe zu finden, während Bitcoin uns die Kontrolle über unsere finanziellen Mittel und damit über einen Teil unserer äußeren Freiheit zurückgibt.

Im Zentrum beider Systeme steht das Streben nach Glück und Glückseligkeit. Im Stoizismus sind Glück und Erfüllung nicht das Ergebnis zufälliger Umstände, sondern das Produkt bewusster, tugendhafter Lebensführung. Wahres Glück, auch als „Eudaimonie“ bekannt, erreichen wir, indem wir uns von den Launen äußerer Umstände lösen und unseren Fokus auf das richten, was inneren Frieden bringt: Weisheit, Mut, Gerechtigkeit und Mäßigung. Dieses tiefe, verwurzelte Glück entsteht, wenn wir im Einklang mit unseren Prinzipien leben und Verantwortung für unser Handeln übernehmen.

Bitcoin verkörpert diesen Weg zur inneren Glückseligkeit, indem es uns die Möglichkeit gibt, über unseren finanziellen Bereich selbstbestimmt zu verfügen. Es befreit uns von äußeren Abhängigkeiten und bietet die Chance, ein Leben zu führen, das nicht von inflationären Zwängen und staatlicher Kontrolle geprägt ist. Die Kombination von Bitcoin und Stoizismus schafft so ein einzigartiges Fundament für ein glückliches Leben, das auf Autarkie, innerer Stärke und der Macht beruht, das eigene Schicksal zu gestalten.

Ein zentrales Element des Stoizismus ist die Vorbereitung auf Rückschläge. Stoiker üben sich darin, sich gegen widrige Umstände zu wappnen. Im Bitcoin-Netzwerk spiegelt sich dies im Grundsatz „Not your keys, not your coins" wider. Nur wer die privaten Schlüssel zu seinem Bitcoin-Bestand besitzt, hat die volle Kontrolle über sein Vermögen. Diese Vorsicht und Selbstverantwortung, die Bitcoin erfordert, spiegeln stoische Grundsätze wider und führen uns zu einem tieferen Verständnis unserer Autonomie.

Bitcoin verändert das Konzept von Geld grundlegend. Im Gegensatz zu inflationären Fiat-Währungen ist Bitcoin auf 21 Millionen Einheiten begrenzt, was langfristige finanzielle Unabhängigkeit ermöglicht. Der Stoizismus spricht von Autarkie und Selbstgenügsamkeit – der Fähigkeit, unabhängig von äußeren Umständen zu leben. Bitcoin ermöglicht diese finanzielle Autarkie, fordert jedoch auch die Bereitschaft, Verantwortung für eigene Entscheidungen zu übernehmen. Diese Verpflichtung zur Verantwortung ist ein Grundpfeiler sowohl des Stoizismus als auch von Bitcoin.

Sowohl der Stoizismus als auch Bitcoin stellen das Individuum in den Mittelpunkt. Marcus Aurelius lehrte, dass Veränderungen immer beim Einzelnen beginnen. Bitcoin folgt diesem Prinzip, indem es jedem die Möglichkeit gibt, unabhängig von zentralen Autoritäten zu handeln. In einer zunehmend von Institutionen geprägten Welt ermächtigt Bitcoin das Individuum, seine finanziellen Entscheidungen selbst zu treffen.

Am Ende lehren uns beide Systeme Verantwortung – die Verantwortung für unser Schicksal und für unser Handeln. Sie geben uns die Möglichkeit, äußere Zwänge zu überwinden und ein Leben in Übereinstimmung mit unseren eigenen Werten zu führen. Die Kombination aus stoischer Weisheit und Bitcoin-Technologie bietet uns die Werkzeuge, um sowohl innerlich als auch äußerlich frei zu sein und ein glückliches Leben in authentischer, selbstbestimmter Freiheit zu verwirklichen.

Eine gute Reise

„Bevor isch mich uffresch, isses mer liewer egal.“

Diese hessische Weisheit begleitet mich schon lange und hat mir, ohne es zu wissen, stoische Ruhe vermittelt. Warum sollte man sich über Dinge aufregen, die man nicht ändern kann? Und wenn man sie nicht ändern kann, dann können sie einem auch egal sein.

Wo meine stoische Reise genau begann, kann ich nicht mehr sagen, aber sie nahm 2020 sehr konkrete Formen an. Mit der Corona-Krise kam für mich, wie für viele andere auch, ein neuer Lebensabschnitt. Ich saß im Homeoffice, die Welt spielte verrückt, und so fing ich an, Dinge neu zu bewerten. Ein großer Teil meiner persönlichen Neubewertung war das Finanzsystem. Die Aktien fielen in den Keller, und wenn man den Börsenprofis und Finanz-YouTubern zuhört, weiß man: Wenn man in solchen Krisen kauft, kann man langfristig stark davon profitieren.

Mit Aktien hatte ich mich zu der Zeit schon eine Weile beschäftigt, denn das deutsche Rentensystem war mir schon länger suspekt, und mir war klar, dass ich hier selbst etwas tun musste. Doch mit dem Aktiencrash 2020 wurde ich auch auf etwas anderes aufmerksam: Bitcoin. Wenn ich mich recht erinnere, war es Robert Kiyosaki, der Bitcoin als digitales Gold erwähnte. Das war für mich Grund genug, diesem Bitcoin auf die Spur zu gehen. „Woher sollte der Wert von diesem Internetgeld kommen?", fragte ich mich und machte mich auf die Suche nach dem Fehler in Kiyosakis Aussage.

Kurzer Ausblick: Ich bin immer noch auf der Suche.

Mit dem steigenden Verständnis für Bitcoin kam immer mehr die Erkenntnis, dass nicht nur in unserem Finanzsystem einiges in Schieflage geraten ist, sondern dass das Fiat-Geld auch alle anderen Lebensbereiche beeinträchtigt. Man lernt zu erkennen, auf welche Bereiche im Leben man Einfluss hat und auf welche nicht. Man lernt, für welche Bereiche man selbst Verantwortung übernehmen sollte, weil man sonst von anderen über den Tisch gezogen wird. Man lernt viel über stoische Weisheiten, ohne jemals von Stoizismus gehört zu haben.

Das stoische Puzzleteil brachte mir ein guter Freund ganz beiläufig. Er erwähnte ein Zitat von Seneca und sprach über die Stoiker. Dieses Puzzleteil gab meinen Gedanken einen Namen. Die Griechen und Römer hatten sehr ähnliche Probleme wie wir heute. Sie haben dafür Lösungen entwickelt und ihre Lebenseinstellung in eine Philosophie verpackt. Nachdem sich die Themen Bitcoin und Stoizismus in meinem Kopf verknüpften, drehten sich mein Gedanken um die Synthese dieser beiden Konzepte. Mir war sofort klar, dass sich hier eine Symbiose ergibt, es war jedoch nicht einfach, es in Worte zu fassen. Also begann ich damit, meine Gedanken aufzuschreiben. Es wurden immer mehr Notizen und Sprachnachrichten an mich selber. Aber das Bild wurde immer klarer. Das fertige Bild liegt nun hier als Buch vor dir. Es war mein Bestreben, diese Symbiose aus Bitcoin und dem Stoizismus möglichst einfach, klar und strukturiert darzustellen. Ich hoffe, du hattest beim

Lesen genauso viel Spaß wie ich beim Schreiben. Jetzt bin ich gespannt – hat das Buch deine Erwartungen erfüllt?

Ja? Das freut mich.

Nein? Das ist auch in Ordnung.

Erwartungen sind Wünsche an Dinge und Ereignisse außerhalb deines Einflussbereichs. Es lag nicht in deinem Handlungsbereich, was in diesem Buch geschrieben steht. Im Wort „Erwartung" steckt „warten", eine passive Tätigkeit, die beschreibt, dass wir eine gewisse Zeit untätig verweilen, damit etwas geschieht oder auf uns zukommt. Wir sehen schon im Wortstamm, dass Erwartungen außerhalb unseres Einflussbereichs liegen und wir somit unser Glück nicht an diese Erwartungen knüpfen sollten.

Dieses Buch ist eine weitere Erfahrung für dich. Wir Stoiker arbeiten daran, jede Erfahrung zu einer guten zu machen. Wir lernen aus jeder Erfahrung, unabhängig von ihrem Ergebnis. Die Bewertung einer Erfahrung als gut oder schlecht ist nur auf unsere Interpretation zurückzuführen. Die Erfahrung selbst ist neutral. Die Gesamtheit dieser Erfahrungen ist das, was unsere Seele im Leben sucht. Sie ist gekommen, um zu lernen und zu wachsen. Ohne Aufgaben kann sie nicht wachsen und aufsteigen. Besonders die negativen Erfahrungen sind dabei häufig die, die uns die größten Lerneffekte vermitteln. Sei also auch und besonders für negative Erfahrungen dankbar, sehe sie als Pflasterstein auf deinem Weg zur Glückseligkeit an und gehe unbeirrt weiter.

Um weitere Erfahrungen auf dem Weg des Lebens zu sammeln, muss man weitergehen. Bleibe hier nicht stehen. Das Leben ist eine Reise und schon heute geht die Reise weiter. Was ist dein nächster Schritt? Sei ein tugendhafter Mensch! Damit kann man jeden Tag anfangen. Am besten schon heute. Eventuell benötigst du schon morgen deine stoischen

Fähigkeiten. Du weißt nie, wann es so weit ist. Führe deinen Geist in die Freiheit, bevor er dich in ein mentales Gefängnis führt. Weiter geht's auf stoanakamoto.de.

„Wir leiden häufiger in unserer Vorstellung
als in der Realität."
Seneca

Im Auge des Bullen
Das Argument für Bitcoin

Steht eine Revolution unseres Geldsystems bevor? Dieses Buch hilft vor allem Einsteigern, die herausstechenden Merkmale von Bitcoin besser zu verstehen und in unsere moderne Welt einzuordnen. In klarer und prägnanter Weise widmet sich Vijay Boyapati der Geldtheorie, der Anatomie von Bitcoin, sowie den Gründen für die Überlegenheit von Bitcoin gegenüber Gold- und Fiatgeld-Standards.

Bitcoin Entdecken

Bitcoin ist die vielleicht größte Erfindung unserer Zeit. Trotzdem haben die meisten Menschen keine Ahnung was es ist, oder wie es funktioniert. Diese kurze Lektüre hilft, Bitcoin und seine Komponenten Schritt für Schritt zu entdecken und zu verstehen. Sie ist mit Sicherheit eine unerlässliche Grundlage, bevor man sich mit einer Investition auseinandersetzt.